Du « temps »

DU MÊME AUTEUR

LU XUN, ÉCRITURE ET RÉVOLUTION, Presses de l'École normale supérieure, 1979.

LA VALEUR ALLUSIVE : *Des catégories originales de l'interprétation poétique dans la tradition chinoise*, École française d'Extrême-Orient, 1985.

PROCÈS OU CRÉATION : *Une introduciton à la pensée des lettrés chinois*, Seuil, 1989 ; rééd. Le Livre de Poche, « Biblio », 1996.

LA PROPENSION DES CHOSES : *Pour une histoire de l'efficacité en Chine*, Seuil, 1992.

ÉLOGE DE LA FADEUR, Ph. Picquier, 1991 ; rééd. Le Livre de Poche, *« Biblio »*, 1993.

FIGURES DE L'IMMANENCE : *Pour une lecture philosophique du Yiking, le* Classique du changement, Grasset, 1993 ; rééd. Le Livre de Poche, « Biblio », 1995.

LE DÉTOUR ET L'ACCÈS : *Stratégies du sens en Chine, en Grèce, coll. « Collège de Philosophie »*, Grasset, 1995 ; rééd. Le Livre de Poche, « Biblio », 1997.

FONDER LA MORALE, Grasset, 1995 ; rééd. DIALOGUE SUR LA MORALE, Le Livre de Poche, « Biblio », 1998.

TRAITÉ DE L'EFFICACITÉ, Grasset, 1996.

UN SAGE EST SANS IDÉE, *ou l'autre de la philosophie*, Seuil, « L'ordre philosophique », 1998.

PENSER D'UN DEHORS (LA CHINE), *entretiens avec Thierry Marchaisse*, Seuil, 2000.

DE L'ESSENCE OU DU NU, Seuil, 2000.

François Jullien

Du « temps »

Éléments d'une philosophie du vivre

BERNARD GRASSET
PARIS

AVERTISSEMENT

Ces pages partent d'une question simple, et même élémentaire, mais que je n'ai vu poser nulle part. Du moins aussi carrément : fallait-il penser le temps ? Non point, qu'on entende bien la question, comment penser le temps – là-dessus, la philosophie n'a cessé de disserter ; mais, de façon plus radicale, avait-on besoin, et pour quoi faire, d'un concept de « temps » ?

Cette question, je crois qu'on n'a pas imaginé *de la poser.*

Car le « temps » ne cesse d'habiter notre pensée quotidienne, à titre d'évidence, et de la mouler ; et, si toute l'histoire de la philosophie, le recevant comme un donné, n'a cessé, à travers ses renouvellements, d'en interroger l'énigme, c'est sans sortir du cadre notionnel qui, dès l'abord, dans la langue, s'imposait à elle. Je constate que même ceux qui, au XXe *siècle, ont cherché à prendre leurs distances vis-à-vis de notre conception commune (aristotélicienne) du temps – qu'ils aient tenté de retrouver sous le temps l'« intuition » de la durée (Bergson), ou qu'ils aient souhaité remonter à une conception plus « originaire » de notre expérience (Heidegger) – ne l'ont pas fait.*

Depuis ses débuts, la philosophie a beau se battre contre le concept de temps, elle n'en sort pas. Nous voici installés à demeure, en faisant notre demeure, dans ce concept étrange : le « temps ». Le plus familier – le plus étrange ; or, c'est d'après lui que nous concevons ce qui ferait l'essence de la « vie ».

Selon ma propre stratégie philosophique, j'ai tenté, en passant par la pensée chinoise, de sortir de ce grand pli du « temps ». Car la Chine a pensé le « moment » saisonnier et la « durée », mais non pas une enveloppe qui les contienne également tous deux, et qui serait le « temps » homogène - abstrait. Quelle est donc cette pensée, est-on conduit soudain à s'enquérir, qui n'a pas pensé les « corps » en « mouvement », d'où nous vient la conception d'un temps physique, « nombre du mouvement », ni n'a opposé du temporel à de l'éternel, ou l'être et le devenir, d'où naît la métaphysique, et dont la langue, enfin, ne conjuguant pas, ne donne pas à opposer des temps – futur, présent et passé ? Y aurait-il donc une alternative à la pensée du temps ? Entreprendre de la déployer nous porte à considérer, en regard du « temps », ce que peut être la saison, *ainsi que, en regard de la dis-tension temporelle permettant une extension « dans le temps », quelle est la* transition *continue qui fait le procès des choses.*

Il en résulterait que le temps, se concevant toujours entre « début » et « fin », points de départ et d'arrivée, maintient un surplomb vis-à-vis du cours des processus et de leur logique d'immanence. Et, de fait, de dessous cette question du temps, c'est bien celle du « vivre » que je me propose de tirer au jour, pour l'aborder à nouveaux frais ; ainsi que, pour être en mesure de déployer la notion du vivre en la décollant du temps, celle des conditions de possibilité de sa prise en charge par la philosophie. Car vivre – mais non pas une vie, comme on en parle du dehors, s'agirait-il de « sa » vie – ne se passe pas entre début et fin ; vivre en soi n'est pas de l'ordre du déplacement du mobile et de la traversée. Et, d'autre part, comment vivre au « présent » si celui-ci, selon sa définition physique, n'est qu'un point sans extension, un in-stant sans maintenant possible ? Ou si, selon sa description phénoménologique, l'intention lui conférant sa consistance n'est conçue que dans la dépendance d'un objet temporel, telle que l'est, d'Augustin à Husserl, la mélodie perçue ?

Dans une formule de substitution, au terme des Essais, *Montaigne suggère, non de vivre au présent, mais « à propos ». Discrètement, cet à propos nous sort de la pensée du temps ; il fait envisager le* moment, *non comme un laps de temps, mais comme une occasion, ou plutôt comme une « occurrence » – le concept en est à forger. « Un bon moment », disons-nous ; mais de quoi celui-ci est-il fait ? Notamment, comment donner une consistance théorique à l'op-* portunité *selon laquelle il « vient » à nous, comme à la* disponibilité *selon laquelle nous nous « ouvrons » à lui ? Faire un détour par la Chine, au fond, nous servirait à cela : en passant par d'autres cohérences, ignorantes de nos constructions subjectives, il s'agit de porter à la réflexion ce qui ne cesse d'être impliqué par notre expérience, et même que nous ne cessons de dire au quotidien, mais que, de par les choix qui sont les siens, n'a pu penser la philosophie.*

Chemin faisant, j'ai donc tenté de dégager une autre perspective que celle du surplomb du temps et du grand drame – « existentiel » – qu'elle organise ; j'ai pris, à l'essai, le parti d'une sagesse qui, dans son ouverture au « moment » et face à l'angoisse de la mort, dirait une insouciance *qui ne soit pas une fuite ; qui, au lieu de soulever la question du temps et de la déployer comme une aventure – nous découvrant, dans son sillage, la contradiction féconde, le tragique, la subjectivité,... – la résorberait dans ce qui serait le silence d'un Ciel-nature. Mais puis-je vraiment m'en tenir là ? En se laissant confronter, la question du « temps » et la pensée du « vivre » se réfléchissent et, je l'espère, s'éprouvent et se travaillent ; mais, je le constate, elles ne s'intègrent pas –, je n'ai pas vu comment dépasser, sur un tel sujet, l'antinomie de la sagesse et de la philosophie.*

D'un côté, je suis appelé à suivre chaque nouvelle grande philosophie, toutes développant une nouvelle conception du temps (ou peut-être, depuis Heidegger, ce filon conceptuel est-il enfin tari ?) ; tandis que, de l'autre, je cherche à me repérer dans une non-question – la non-question du temps autour de laquelle me font tourner et revenir les brèves indications que la pensée chinoise nous a livrées, dès l'Antiquité, et sans jamais les dépasser par la suite, au sujet du « moment » et de son à propos. Or, comment opérer – articuler – la rencontre des deux ? C'est-à-dire comment dépasser ce clivage, du trivial et du théorique ou, dit à l'inverse, du Sens et du naturel, dans lequel se trouve prise désormais, au-delà même du vis-à-vis de la Chine et de l'Europe, notre pensée ? Cette résistance en rejoint une autre, en effet, à laquelle je me suis déjà confronté à propos de la sagesse : quelle médiation tenter entre le parti du no comment *et celui de débattre, en tout cas de parler. Car le philosophe parle ; il construit, articule. Il pose - impose, a raison. Mais qu'y perd-il ?*

Aussi ne sont-ce bien là, concernant la question du « vivre », que de premiers « éléments »...

Note de présentation

J'ai renoncé par principe à dire : « on sait que... ». Car cette façon de parler, on me l'accordera, est un aveu d'impuissance. Soit le lecteur sait, et je n'ai rien à dire ; soit il ne sait pas, et je dois m'expliquer.

Mais voilà que, en reprenant la question du temps, je m'attaque à l'un des principaux massifs de la philosophie. Depuis Platon (*Timée*, 37d), Aristote (*Physique*, IV), Plotin (*Ennéades*, III, 7), Augustin (*Confessions*, XI)... Or, « Platon » lui-même n'est pas un début et tout, d'une certaine façon, est déjà joué avant Platon, notamment avec la réécriture des cosmogonies primitives. Mais aussi les Stoïciens et les Épicuriens ; mais aussi Kant (*Esthétique transcendantale*), Schopenhauer (*Le Monde...*), Husserl (des *Données immédiates...*), Bergson (*La Pensée et le mouvant*), Heidegger (*Etre et Temps*). Hegel, *passim* : la dialectisation du temps. De cette question, les références en sont constitutives et je suis obligé de passer par elles et de les « revisiter », selon le terme à la mode mais qui ici, de ce *dehors* de la Chine, n'est pas qu'une coquetterie. Et même, comme je m'en explique dès les premières pages, ce caractère constitutif des références est particulièrement contraignant à propos du « temps » –, le « temps » ne tient pas sans elles.

Aussi ai-je pris le parti de présenter certains développements à titre de fiches, ou plutôt d'amples parenthèses, servant à baliser la question : le lecteur plus averti les sautera, un lecteur pressé également... Il en va de même touchant la lecture de formules chinoises, ou de figures du *Yi-king,* dont je ne suis pas sûr que le lecteur européen non sinologue ait la patience de les travailler. En même temps, me refusant aux notes savantes, qui font trou dans la réflexion, je dois faire état de cette élaboration au cours même de l'exposé, ainsi que donner la possibilité au lecteur d'y participer.

En bas de page courent à l'occasion, non des notes à proprement parler, mais des remarques. Fiches (parenthèses) - développements - remarques et soulignement : voilà qui paraîtra peut-être créer une lecture à étages, dispersée et par trop complexe ; mais cette diversité de biais m'était nécessaire pour retrouver prise sur la question du temps, échafaudée comme elle est, ainsi que ressaisir mon lecteur – en en sondant le socle – sur ce que nous nous sommes désintéressés de penser. Autant dire que cette question de présentation n'est pas purement formelle, elle tient au dispositif de mon travail. Car comment faire entrer en regard, à propos d'une question aussi impliquée dans l'histoire de la philosophie que la question du « temps », des pensées aussi vastes que celles de la Chine et de l'Europe ?

Mais il y va aussi de ce que devrait être, à mes yeux, un essai, et de sa lecture. J'aimerais que mon lecteur puisse à son gré choisir son allure : enjamber ici, puis là prendre son « temps », et même perdre du temps ; survoler ou revenir. Les auteurs devront bien se faire, en effet, sans plus de doléance, au fait que les lecteurs sont de plus en plus portés, eux aussi, à *zapper*. Et, d'autre part, ces éléments du vivre ne prétendent nullement construire, bloc à bloc, je ne sais quelle synthèse, la plus finale (de l'« Orient » et de l'« Occident » !). Il me faut, au contraire, revenir plus au départ, en amont – l'essayer – et, pour cela, entreprendre de redescendre dans la carrière ensevelie où a commencé à se tailler et se configurer la pensée : y repérer de nouveaux filons, aptes à fournir d'autres matériaux, et me mettre soigneusement à les « cliver ». A chacun ensuite, à partir de ce que j'en extrais, de bâtir selon son plan.

I – DE L'ÉNIGME À L'ORNIÈRE

1. Tant que nous en parlons, nous croyons savoir ce que nous disons ; mais si nous nous arrêtons d'en parler, pour l'expliquer, nous ne savons plus ce que nous pensons. Tel est le lieu commun mais paradoxal, formulé une fois pour toutes par Augustin, et d'où rejaillit depuis, inexorablement, renvoyée par cet infranchissable, la question du « temps »[1].

La philosophie est Sisyphe remontant inlassablement ce rocher. Ou plutôt, ce que nos phrases dévalent sans cesse sans qu'on y pense, la philosophie se découvre toutes les peines du monde à le remonter. Le « temps », *tempus*, « *tempus et tempus...* » : ce mot que nous ne cessons d'avoir à la bouche, nous dit Augustin, et qui vole de phrase en phrase, se révèle soudain si lourd, et nous nous trouvons sans prise sur lui, quand la réflexion entreprend tant soit peu de le sonder. Ou, plus simplement encore : de le *bouger*. Il adhère des divers côtés, on emporterait tout avec lui.... Le « temps » est cet imbougeable ; et plus la notion paraît aller de soi, portée qu'elle est par l'usage, plus elle se durcit en énigme, et crée d'achoppement, dès que se pose sur elle la pensée.

Entre tant de plans divers

Car, sous l'évidence et la familiarité avec lesquelles elle vient à nous, s'impose à nous, elle dont nous n'imaginerions même pas pouvoir jamais nous passer, elle ne saurait dissimuler la diversité de plans qui la tirent en différents sens : celui de la physique, où le temps sert à penser le mouvement ; ou celui de la métaphysique, où le temporel est conçu en opposition à l'éternel ; ou celui de la grammaire, où le temps s'entend à partir des temps distincts de la conjugaison. Ou encore celui de l'objectif et du subjectif : le temps du monde ou de l'âme, celui des « sphères » ou du « sujet », etc. Temps vécu et temps compté. Le temps est « cosmo-bio-social » (H. Barreau*) : autant de plans divers. Ces plans peuvent se recouper, ils n'en ont pas moins, chacun, leur propre orientation : entre les sillons divers qu'elle y trace, la notion de « temps » est maintenue en suspens, écartelée ; et c'est déjà là, me paraît-il, une première raison pour laquelle la notion de temps, s'étendant sur ces différents plans, se trouve si difficile à bouger par la pensée.

L'aporie du « temps » – repasser par ces lieux communs

Acohérente en ce qui la constitue, la notion de temps est aporétique quant à l'existence même de ce qu'elle est censée désigner. Et, là aussi, le paradoxe a tôt pris la rigidité d'un lieu commun (Aristote[2]), l'énigme s'est tôt figée : le passé n'est plus et le futur n'est pas encore ; or le temps, ne se composant que de ces deux parties, comment pourrait-il lui-même exister ? Car l'instant présent, séparant le futur du passé, ne peut être lui-même une *partie* du temps, il n'en a pas les propriétés – ni celle de mesurer le tout, ni celle non plus de le composer. Aussi, si l'on ne peut affirmer que le temps n'existe pas, comme le feront les sceptiques, puisqu'il est un « divisible », son existence n'en demeure pas moins « obscure » puisque les « parties » en lesquelles il se divise ne sauraient elles-mêmes exister : c'est un *meriston* sans *meré*. A quoi Augustin ajoutera la puissance de ses antithèses, et sa rhétorique les rend dramatiques : si le passé n'est plus et le futur n'est

* Il me paraît remarquable, à cet égard, que les études qui ne développent pas, comme seules le font les grandes philosophies, une conception nouvelle du temps (ce qui en fait effectivement de grandes philosophies), sont condamnées à un inventaire dispersé de la notion et ne sortent guère de ce classement à tiroirs. On distinguera ainsi le temps « anthropologique » (le « temps de l'action », « du langage », « cosmo-bio-social »), le temps « bio-psychologique » et la « constitution rationnelle » du concept de temps (Hervé Barreau) ; ou encore, le « temps vécu », le « temps physique et la durée consciente », le « temps historique », le « temps et la vie spirituelle » (Jean Pucelle), etc. Mais qu'est-ce qui relie, de l'intérieur, de tels rangements ? Jusqu'à quel point n'y a-t-il pas, comme il y a une homonymie de l'« être », une homonymie du « temps » ?

pas encore, le présent n'« est » pas non plus, puisque, pour être du temps, et non point se confondre avec l'éternel, il doit « rejoindre » aussitôt le passé – et ne peut donc « être » qu'en « cessant d'être » : « Si bien que ce qui nous autorise à affirmer que le temps est, est qu'il tend à n'être plus »... Ce contre quoi venait buter le propos d'ouverture et qui nous renvoie inexorablement la question : « Qu'est-ce donc que le temps ? Si personne ne me le demande, je le sais ; mais si on me le demande et que je veuille l'expliquer, je ne le sais plus... »

Des plis sont pris

Or, si j'ai pris soin de repasser par ces lieux communs, c'est pour établir deux choses, ou plutôt les lier ensemble : d'une part, ce que tout le monde sait – mais jusqu'où *sait-on* ce savoir ? – que, sous son apparente évidence et l'usage invétéré qui l'impose, le « temps » ne peut qu'être un lieu énigmatique de la philosophie ; d'autre part, que les discours que nous avançons à son propos tendent très tôt à se figer : on le constate de ceux, anciens, de la physique ou de la métaphysique, mais n'est-ce pas déjà aussi le cas de celui, récent, de la phénoménologie ? Ces sillons divers entre lesquels s'est déployée la question du temps se révèlent être des ornières – des plis sont pris. Car comment la philosophie s'y prend-elle pour penser le temps ? Plutôt que de tenir continûment tête à sa notion, en se mesurant à l'impossibilité annoncée de le penser, force est de constater que, la tenant pour acquise, parce qu'imposée par l'usage, déposée dans le langage, elle en a surtout balisé la question. De ce fait, elle l'a rangée. Elle l'a rangée en autant de cases que celle-ci rencontre de plans. La « question du temps » s'en trouve dès lors déployée en une multiplicité de « poches », qui nous ramènent chaque fois en terrain connu, en tout cas connaissable, ou du moins explorable : la pensée du mouvement, ou le statut de l'être et de l'éternel, ou la possibilité de la mémoire et la figure du sujet, etc. Ces territoires ne communiquent guère entre eux, mais la voici chaque fois prise en charge par des articulations en place. Ce sont elles qui, de l'extérieur, comme autant d'arcs-boutants, par montages successifs, font tenir debout la « question du temps » ; ce sont elles que revisite inlassablement la philosophie – la question du « temps » s'est organisée en filières, elle poursuit le long des mêmes chemins. Plotin le notait déjà avant l'auteur des *Confessions* : du « temps » et de l'« éternité », le type même du grand couplage organisé, « nous en parlons toujours et à propos de tout. En revanche, quand nous tentons d'en faire un examen attentif et d'aborder le sujet de plus près, nous sommes embarrassés par nos réflexions ; alors nous prenons les opinions des Anciens sur ce sujet...[3] ».

Autant dire que, si je m'intéresse ici à la « question du temps », c'est d'abord parce qu'elle me paraît révélatrice du travail de la philosophie : aucune notion ne me paraît davantage *impliquée* en elle, en effet, aucune non plus ne me paraît la porter davantage à sa limite. Elle lève un voile sur les possibilités de la philosophie, elle en mesure la passion et le destin. Plus même que la notion d'« être », avec laquelle elle a partie liée, elle laisse voir le risque encouru par la pensée et quelles dispositions diverses ont été successivement arrêtées pour le conjurer : entre l'énigme et l'ornière, cette énigme se moulant en ornière, sa fortune n'a cessé de basculer. Si, d'autre part, je suis conduit, chemin faisant, à passer par la Chine et fais jouer l'extériorité de sa pensée, c'est qu'il me faut sortir cette question de ses *plis* pour espérer la sonder. De ces ornières dans lesquelles est prise la question du temps, mais qui font sa consistance, il me paraît difficile de se déprendre sans trouver en dehors un point d'appui : sans faire d'un *dehors* cet appui. Or, où trouver un dehors à la pensée du temps ? On ne cessera, sinon, d'affiner les analyses sans pour autant désenliser la question, celle-ci restera attachée à tous ces partis pris, sur lesquels elle s'est bâtie et qui la font tenir debout – statufiée et s'imposant à l'évidence – dans son imposante rigidité.

Quel dehors à la question du temps ?

Désenliser

Aussi commencerai-je par évoquer trois entrées de la

question du temps par lesquelles la Chine n'est point passée.

2. La première « poche » où se déploie la pensée du temps – le premier compartiment où s'est laissé ranger la question – est celle ouverte par Aristote sur le plan de la « nature » ; cette première entrée de la question est celle organisée par la « physique » : pour penser la nature, le physicien est conduit à penser le mouvement (*kinesis*), qui en est le principe ; et, pour penser le mouvement, il doit penser, après le lieu où s'opère le déplacement, le temps qui sert à le mesurer.

Aristote : le temps se perçoit entre deux points successifs du mouvement d'un corps

Comme l'a analysé, après tant d'autres, Victor Goldschmidt[4], le concept de temps a procédé d'une épuration progressive au sein de la pensée grecque : identifié d'abord, par trop naïvement, à la sphère de l'univers, le temps est pensé ensuite, détaché d'elle, comme le mouvement de celui-ci ; puis, détaché de ce support cosmique, comme n'importe quel mouvement particulier ; enfin, détaché de tout support sensible, la notion se perdant sous cette multiplicité sans fin des mouvements, comme « quelque chose » du mouvement – son « nombre », qui en est la « forme » : il est « le nombre du mouvement selon l'avant et l'après ». Comme telle, cette épuration est allée de pair avec une abstraction. D'un point de vue externe, la notion y conquiert son indépendance, mais qui demeure relative ; et, d'un point de vue interne, c'est elle qui conduit à une pensée homogène du temps : à l'instar du mouvement, et chacun mesurant l'autre, le temps est une grandeur, continue et divisible. C'est pourquoi on se le représente le plus commodément par rapport à l'espace : selon la trajectoire d'un mobile se mouvant d'un point à un autre, le « transport local » (*phora*) constituant de tous les mouvements le principal et le plus typé. Pour prendre conscience du temps, il suffira donc de considérer *deux points successifs* du mouvement et, par conséquent, du temps l'« accompagnant » ; impossible en un seul instant, la perception du temps est celle de cet intervalle.

Premier *pli*. Même si elle est orientée dans un tout autre sens, la pensée d'Augustin ne peut manquer de repasser par Aristote dès qu'elle touche à la nature[5] : le temps ne saurait être seulement le mouvement du soleil, de la lune ou des astres, le tour de la roue du potier « est aussi du temps » ; c'est *entre* le point de départ et le point d'arrivée du mouvement effectué par un corps que l'on peut le mesurer. Et l'on ne se départira plus, non plus, de cette analogie venant suppléer par la visibilité de l'espace à l'invisibilité du temps – celle de la ligne du temps que représente la trajectoire d'un mobile : « Nous représentons la suite du temps par une ligne qui se prolonge à l'infini » (Kant[6]) ; et nous concluons, des propriétés de cette ligne, à l'exception de la simultanéité, que remplace la successivité, « à toutes les propriétés du temps ». Telle est la *ligne* qui, avec l'apparition de l'irréversibilité (et la formulation du second principe de la thermodynamique), deviendra la « flèche » du temps.

La Chine ne pense pas des corps en mouvement

Engagés comme nous le sommes, nous croirions ne plus pouvoir, désormais, que ressasser, ce temps - grandeur figuré par une ligne, divisible et continu, et codifié par la physique, faisant partie des évidences – jusqu'à l'ennui ; il est le lot de toute pensée qui a su évoluer à partir des cosmogonies primitives et est entrée, par la mesure, sur la voie de la science. Du moins, pourrions-nous le croire si la Chine ne nous avait offert une autre voie pour penser la nature ; et si, par là, elle ne nous conduisait à sonder, du dehors, par son écart, les conditions de possibilité – mais non plus de nécessité – de cette conception homogène d'un « temps » abstrait. L'étude du mouvement, en effet, nous dit Joseph Needham[7], semble avoir été « globalement absente de la pensée physique des Chinois » ; d'où l'on peut commencer de prévoir que, ne pensant pas la « nature » sous l'angle du mouvement, comme le fait d'entrée de jeu Aristote, la Chine n'était pas non plus portée à déployer le concept de temps. En même temps que, sur le plan technique, en ce qui concerne les véhicules aussi bien que les projectiles, remarque Needham, la mécanique chinoise était en avance sur celle des Européens, au moins jusqu'au XIVe siècle.

La comparaison entre ces deux mondes, serrée de plus près, est plus instructive encore puisqu'elle permet, d'une part, de confirmer la validité logique, et par conséquent la valeur générale, de cette articulation entre le temps et le mouvement, mais, de l'autre, en restreint notablement la sphère d'intérêt : cette logique relevant d'un choix particulier, une autre, en effet, a pu lui être préférée. Car on sait comme, par bien des aspects, l'école des Mohistes tardifs, à la fin de l'Antiquité chinoise, ressemble de près à ce qu'ont développé, en grand, la science et la pensée grecques. Eux aussi ont défini le point géométrique, ont conçu la notion de mouvement[8] et, par voie de conséquence, ont lié ensemble « distance » et « durée »[9] : « le déplacement à distance exige la durée ; l'explication en est dans l'avant et l'après » ; et le commentaire d'ajouter : « le déplacement implique qu'avant on soit proche et qu'après on soit loin. Loin et proche forment la distance, avant et après forment la durée. Que quelqu'un se déplace à distance exige la durée ».

Reste que l'approche chinoise de la « nature » globalement est autre ; et que le courant mohiste, appliqué comme il est à la définition, préoccupé de la cause comme de l'infini, soucieux de penser l'espace et la géométrie – comme l'est aussi Aristote au début de la *Physique*, avant d'aborder le temps –, *n'a pas pu* se développer. Une autre option le contient et le recouvre. D'une façon générale, si la Chine n'a pas appréhendé la nature en termes de mouvement, c'est qu'elle l'a conçue à partir, non pas de *corps* individuels voués au mouvement, mais de *facteurs* en corrélation, se constituant en pôles : les énergies *yin* et *yang*, dont découle une interaction sans fin (d'où l'attention qu'elle porte notamment, et beaucoup plus tôt qu'en Occident, aux phénomènes magnétiques). Elle s'est détournée de la conception des atomes et des particules, dont on sait, depuis Lucrèce, qu'elle a partie liée avec les langues alphabétiques et le statut de la lettre, pour s'intéresser aux phénomènes d'influence et de transformation –, commençons, du moins, par le dire ainsi : le *yin* se condense tandis que le *yang* se répand, celui-là « s'appuie » sur celui-ci pour « s'épanouir » et celui-ci « obtient » celui-là pour se « matérialiser » ; et, tandis que l'un croît, l'autre décroît, leur alternance est régulée. Pensant le cours ininterrompu de ces phases, la Chine était conduite à penser, non le « temps », mais le *procès*.

3. Du temps, et par homologie avec lui, le mouvement a laissé paraître le caractère homogène de grandeur divisible et continue ; du temps toujours, mais par contraste avec lui, l'éternité révélera les aspects conjoints de succession et d'altération sans fin. Le mouvement d'une part, l'éternité de l'autre, tels sont les deux piliers, ou plutôt les deux arcs-boutants, et se faisant pendant, l'un physique et l'autre métaphysique, qui ont fait tenir debout, depuis la Grèce, la question du « temps ». Soit la pensée du temps se voit indexer sur celle de la nature, soit elle se voit annexer à la pensée de Dieu. Dans un cas, le temps est pensé par dérivation : Aristote transporte les attributs de la grandeur au mouvement et du mouvement au temps ; dans l'autre, par opposition : il suffira au platonisme (le moyen platonisme surtout) que les attributs de l'éternel soient systématiquement inversés. Mais du temps, tel qu'en lui-même, une essence en apparaît-elle ? – Elle est perdue sous ce clivage.

De Platon à Plotin : le temps se pense à partir de l'éternité

Ou pourrait-on revenir en amont de celui-ci ? Platon contiendrait les deux, mais sur deux versants disjoints de sa pensée : en même temps qu'on lui attribue communément la conception du temps comme mouvement de l'univers, se réglant sur le nombre, celle que reprend mais pour la dépasser Aristote, le récit de la création du monde dans le *Timée* oriente la pensée du temps en rapport à l'éternité. Car, quelle que soit la façon dont il faille lire la fameuse phrase [10], que l'« image mobile » de l'éternité s'applique au ciel plutôt qu'au temps, comme avec talent l'a défendu Rémi Brague [11], il n'en reste pas moins qu'une différence systématique de *niveaux* est instaurée (celle du modèle et de la copie, ou de l'immuable et de l'engendré, ou de l'être et du devenir, autrement dit de l'immobilité éternelle et de la progression temporelle, celle-ci étant l'image de celle-là) qui dresse le cadre indépassable, mais sous forme de rupture, de ce qui sera l'approche ontologique du temps opposé à l'éternité*.

* Certes, la philosophie n'a cessé de dire son dédain, au XXe siècle, pour cette notion d'éternité, renvoyée à l'ordre de la foi, et l'approche ontolo-

Entre ces deux orientations rivales, physique et métaphysique, la déchirure est consommée, et l'écart est laissé béant, dès lors que, d'une part, la conception du temps par rapport au mouvement devient l'objet d'une réfutation en règle et que, de l'autre, le temps est pensé *à partir de* l'éternité, et non plus seulement par contraste avec elle (le tournant plotinien). La première approche n'apparaît plus que le reliquat, rationalisé sous forme de science, de la spéculation cosmologique, tandis que la seconde sert de voie d'accès privilégiée à la théologie (celle que poursuivra Augustin). Il suffira, selon cette dernière, d'appréhender ce qu'est l'éternité pour comprendre ce qu'est le temps, et c'est parce que nous avons déjà part à celle-là que nous possédons le recul nécessaire pour nous représenter celui-ci. Car c'est l'éternel qui, en tant que modèle, se prête à la définition rigoureuse : ce à quoi « rien n'advient », qui « n'incline en rien » vers une autre nature, qui « n'ajoute rien » à sa propre vie ; il est l'Etre par son caractère d'identité, comme il est Dieu par son caractère sacré. De l'*aiôn* qui, chez Homère, désignait le liquide interne au corps et qui, tant qu'il n'est pas tari, en assure la vitalité [12], la philosophie grecque aboutit à la notion d'une vie infinie, ne perdant rien d'elle-même mais « étant » toujours (*aei ôn*) et, par conséquent, ne connaissant ni futur ni passé – qui n'« était » ni ne « sera » : toujours présente à elle-même dans sa totalité, n'étant jamais ceci « puis » cela, mais étant toujours tout à la fois, tel un point « où s'unissent toutes les lignes », sans jamais « s'épancher ». Le temps, lui, est pensé à l'envers de cet absolu et privativement, et ce n'est, dès lors, plus l'atemporel qui est marqué négativement, mais son contraire : le temps est ce qui n'est jamais « identique », jamais « fixe », jamais « un », jamais « tout » ; en même temps, demeurant une image dérivée de l'Autre, il en garde les attributs mais infléchis (cette inflexion que fait subir le Monde à l'Idée) : son unité n'est plus indivisible mais continue, l'infini n'est plus son tout mais son terme, ce tout n'est jamais assemblé mais toujours différé, etc.

---

gique du temps qui en a découlé (chez Bergson aussi bien que chez Heidegger) : l'éternité ne serait que le concept vide d'un être permanent qui, loin d'être à l'origine du temps, est en fait dérivé de notre expérience ordinaire de la temporalité. Reste qu'on ne peut oublier que c'est aussi par elle, l'éternité, que nous avons édifié la notion de temps ; dès lors, et quelles que soient les critiques ultérieures à son égard, notre concept du temps en porte la trace indélébile, ne serait-ce que dans sa propre *possibilité* : l'héritage est si bien assimilé que nous ne le percevons plus, mais nous en dépendons toujours.

Le temps « chutant » hors de l'éternel

Certes, on voit bien de quelle postériorité logique procède le temps vis-à-vis de l'éternel et comment elle l'éclaire : comment le temps peut reproduire, sur le mode d'une succession et d'une altération sans fin, dans l'ordre du monde ou de l'âme, le *tota simul* de l'Intelligible ou de Dieu. Mais comment passe-t-on d'un ordre à l'autre, puisqu'ils sont incommensurables et que l'éternité, par principe, se suffit à soi-même ? La question du temps soudain ici se creuse, le confort des oppositions se renversant en énigme : pourquoi, et comment, l'éternité en vient-elle à produire du temps ? Ou, comme le dit plus brutalement Plotin, de quelle chute est « tombé » le temps ?

On veut bien voir aussi comment la difficulté s'écarte d'elle-même dès lors qu'est adoptée, si l'on s'y résout, la mise en scène de la Création : chez Augustin, pour qui Dieu crée le temps avec le monde ; ou déjà chez Platon, dont le démiurge conçoit, dans un même calcul, l'engendrement du temps et celui du ciel. Il n'y a plus alors à se demander ce que faisait Dieu « avant la création » du monde, puisque « Ce n'est pas dans le temps que Vous précédez les temps ». Sinon, il faudra effectivement invoquer une « chute », comme le fait Plotin [13] : le temps reposait originellement dans l'être, sans qu'il y ait d'avant ni d'après, mais une « nature », « curieuse d'action » et remuante, désireuse d'indépendance et voulant plus que le présent, se met en mouvement, et le temps avec elle – chemin faisant, ils « aboutirent à faire le temps ». Pour dérouler le temps à partir de l'éternité, force est donc de déplier du négatif du sein même de l'absolu, bref il y faut une faute, la « chute », version philosophique du péché originel, celle d'une âme agitée, parce qu'en mal d'être et « voulant toujours transporter vers autre chose ce qu'elle a vu Là-bas ». Il y faut une dissidence et lui supposer une angoisse – du subjectif apparaît. Si bien que, dans un cas comme dans l'autre, et quelle que soit la mise en scène, plotinienne ou augustinienne, on ne sort pas du mystère d'un dédoublement : Dieu « voulant » créer le monde, ou ce qui sera le temps prenant part lui-même à l'« engendrement » du temps. Car quel besoin le « modèle », éternel et divin, aurait-il donc de sa « copie » ? On n'échappe pas non plus au récit, mythique ou religieux, de la Chute ou de la Création, mais trouant toujours l'argumentation. Car, pour sortir du *cours* du temps, il faut commencer par se défaire de la *dis-cursivité* propre à la parole ; et c'est à quoi sert la fable – *muthos* – affichant celle-ci pour mieux nous faire entendre qu'il faudra s'en défaire et qu'elle n'est qu'une image... Mythe

On ne saurait s'y tromper, en effet : cet impensé que prennent en charge, à leur gré, le mythe aussi bien que la croyance n'est pas un résidu évacuable de la pensée du temps – il fait signe au contraire vers un impensable qui fait corps avec elle ; bien loin d'y demeurer le vestige d'une pensée révolue, c'est lui qui ne cesse de la féconder. La contradiction est inhérente, effectivement, à toute inscription du temporel et, sous l'énigme de son origine, c'est l'*étrangeté* même du temps qu'on désigne dans sa radicalité. Qu'on relise Augustin ou Plotin : c'est quand elle tient dans cet intenable, qu'elle s'accroche à cet impossible, et s'y brûle, que leur pensée est la plus intense – qu'elle éclaire. Sans ce vertige, on ne saurait penser le temps. Vertige

4. Dire « d'où nous vient » la pensée du temps, ce n'est donc pas seulement désigner en rapport à quoi elle s'est formée, le mouvement ou son contraire : la fixité de l'éternel ; ce n'est pas seulement dénoncer, non plus, la disjonction des plans à partir desquels elle s'est constituée et qui, par l'alternative qu'ils érigent, la laisse indéfiniment en suspens : physique ou métaphysique ? C'est, plus radicalement, pointer vers ce *d'où* insondable où s'abîme la pensée du temps – mais qui ne cesse de l'inspirer. Il ne cesse de l'inspirer comme il ne cesse d'inspirer la philosophie européenne en la portant à sa limite et par confrontation avec l'impensable. Ce qui rend d'autant plus opportun de considérer comment, bien loin d'elle, la Chine a pensé l'absolu, que ce soit le « Ciel » des confucéens ou la « Voie » des taoïstes, sans pour autant penser l'éternel, et n'a donc pas *inscrit* le temps – ne l'a pas dû. Aussi la Chine est-elle restée fermée à cette inquiétude comme à cette inspiration.

L'« éternel » ou le « constant » ?

C'est en commençant par serrer de plus près, et même du plus près, ce qui paraît « à peu près » pareil dans l'une et l'autre pensée, en clivant soigneusement au sein de ce qui « tient lieu de », entre l'une et l'autre, que l'on se met – si minusculement d'abord (et patiemment pour le lecteur) – sur la voie de cet écart ; car, sous l'approximatif, peut se dissimuler ce qui se trouve tout autrement orienté. Deux notions sont à distinguer radicalement à cet égard : l'« éternel » et le « constant ». Les deux disent la pérennité, les deux s'opposent à l'éphémère, mais ils le font différemment : l'éternel est séparé du temporel, tandis que le constant se manifeste *au travers* du changeant. Le *constant* est ce qui, au sein de la variation, ne *varie* pas ; l'*éternel* est ce qui, en tant qu'être, ne *devient* pas. Les deux dénotent une permanence, mais différemment disposée : tandis que la permanence de l'éternel s'adosse à l'être et s'offre à la contemplation (*theoria*), celle du constant se réfère à la marche des choses ou, comme le disent les Chinois, à leur « fonctionnement » (notion de *yong*[a]). L'éternel renvoie à une « identité » d'essence ; tandis que le constant est de l'ordre de la « capacité » (notion de *de*[b]) : c'est lui qui assure au procès des choses, se transformant sans cesse, ce qui fait sa « viabilité ». Car, au lieu qu'il évolue de façon aveugle et chaotique, la constance qui est la sienne, telle celle du cours du « Ciel » ou de la « Voie », permet à son cours d'être régulé et, par là, ne déviant jamais, de ne cesser de se renouveler. Bref, tandis que l'éternel est l'*hors du temps*, le constant est ce qui *ne s'interrompt jamais.*

C'est pourquoi la notion de constance est essentielle à

la pensée chinoise, elle va de pair avec sa pensée des processus. Même dans la formule d'ouverture du *Laozi*, invoquant un ineffable, selon son interprétation la plus commune :

Le tao *que l'on peut nommer n'est pas le* tao *constant,*

la perspective adoptée est celle, non pas de deux niveaux d'être, l'un en déperdition ontologique par rapport à l'autre (l'éternel / le temporel), mais de deux phases ou de deux *moments* (cf. le commentaire de Wang Bi, au IIIe siècle : « avant que » l'« actualisation » du cours n'ait eu lieu et « une fois que » celle-ci a lieu). Si l'aval de ce cours est patent, l'amont, lui, reste obscur, en effet, il est dit ineffable parce que, en son fond, il est insondable. La « constance[c] » de la voie dès lors est, pour le dire dans mes termes, celle d'un Fonds d'immanence : à la fois comme *fonds*, comme source et comme capital, d'où ne cesse de tout procéder sans qu'il puisse jamais s'épuiser ; et comme *immanence* régulatrice, faisant alterner sans fin l'avènement et la disparition, l'individuation conduisant à l'existence et son retour, par résorption, dans la latence.

Laozi : « constance » de la Voie

Aussi le *Laozi* peut-il dire également, quand on en superpose les formules : « revenir à la racine » et, à ce stade du « repos », à ce qui fait le « destin » des existences, « s'appelle la constance » (§ 16) ; et « connaître l'harmonie » régulant le cours, sans dépense et sans résistance, « s'appelle » aussi « la constance » (§ 55) ; car « la capacité constante ne dévie pas » (§ 28). Aussi qui connaît la constance est-il « éclairé » (§ 55), tandis que qui l'ignore « agit follement » (§ 16) ; autrement dit, la sagesse est de « pratiquer le constant » (§ 52) – elle n'est pas de contempler l'Eternel. De cet écart se déduit pourquoi l'absolu des Chinois, au lieu de se constituer en entité, a toujours été conçu comme un « cours » – cours du « Ciel » ou de la « Voie ». Car si le *tao* « se dresse solitaire sans changer » (§ 25), c'est, nous dit le commentateur[14], coupant aussitôt court à l'interprétation onto-théologique à laquelle nous risquerions sinon d'être enclins, que, à travers « retour - transformation - fin - début », il « ne perd pas sa constance » : parce qu'ils ne l'ont pas conçu substantiellement, les Chinois n'ont pas séparé le *tao* du cours des choses, ils en ont fait la « voie » ; ne l'hypostasiant pas en un Etre, ils ne sauraient lui conférer d' « éternité ».

Non le « toujours » identique, mais le « sans fin »

Il y aurait donc là comme une bifurcation dans l'histoire de la pensée – le « temps » se déployant une fois cet embranchement passé. Partie d'une conception cosmogonique, la Grèce a dépassé celle-ci, à l'âge de la philosophie, par l'onto-théologie : en pensant l'Etre ou Dieu ; de là, le statut fondateur qu'elle accorde à l'éternel, celui-ci étant le socle sur lequel elle a stabilisé le *cosmos* qu'elle a tiré du *chaos*. Tandis que, déployant une conception cosmologique qui n'a jamais été hantée par le chaos, l'« origine » n'étant pour elle qu'une indifférenciation primitive, la Chine en approfondit la pensée en celle du procès du monde et de sa régulation, qu'elle appelle le *tao* ou la « Voie ». De là, l'attention qu'elle porte au « constant » comme principe d'une harmonie continue révélant la cohérence propre à tout réel (que désignera la notion de *li*(d)), tout réel étant en procès ; en même temps que le caractère non théorique de sa pensée du pérenne (du moins dans la Chine pré-bouddhique où le terme *yong*(e) n'a pas de sens à part). Aussi du *tao* dira-t-on seulement qu'il fait accéder à la « durée » (*Laozi*, § 16) ; ou de l'« Esprit du val », qu'il « ne meurt pas » (§ 6)...

Or, creusons encore ce clivage en suivant de plus près – patiemment – jusqu'où s'opère, dans le socle de ces pensées, et sous les approximations apparentes, la démarcation. Car, perçue dans sa radicalité, celle-ci est en mesure d'inquiéter en retour notre pensée. Considérant le temps à partir du mouvement, Aristote n'en a pas moins conçu un éternel qui « n'est pas dans le temps » [15], tels ces êtres immobiles que sont les vérités mathématiques ; et même s'il pense que tout est emporté dans le flux du devenir, Héraclite n'en considère pas moins, selon son fragment le plus long, que son propre discours, qui le dit, lui est « de toujours » (*aei ôn*). Or, quand, soucieux de définir quelle sorte de principe est valable en tous lieux comme en tout temps, les Mohistes opposent à la validité momentanée de toute description (l'adéquation du nom à la chose ne durant qu'autant que la chose, A, 50 [16]) la « nécessité » logique qui, elle, ne saurait varier (du type : « aîné » et « puîné » s'impliquant mutuellement, A, 51), ces logiciens conçoivent seulement ce rapport nécessaire comme « ne cessant pas ». Il n'y a pas, pour eux, de « toujours » identique : la Chine pense, non pas l'« éternel », mais le *sans fin*. C'est pourquoi, ne disposant pas d'un plan éternel où faire asseoir une telle identité, ces Mohistes, pourtant si proches des Grecs par la logique, n'érigent pas la notion d'adéquation[f] qu'ils mettent au point en concept de la « vérité ».

Dissolution de la question de l'Origine (ou de la Fin)

Tous ces *distinguo* pourront paraître encore très abstraits, mais ils laissent déjà apparaître la difficulté qui est la mienne, ici, à faire place à une *non-question* – derrière la non-question du temps, la non-question de l'origine. Car, plutôt que de s'enquérir d'où vient la « voie » et d'en fixer ardemment l'énigme, le *Laozi* en traite sur le mode relâché du « comme si » ; plutôt que de céder à la tentation du spéculatif, la « sagesse » serait de demeurer réservé à cet égard (§ 4) :

Abyssal comme s'il était l'ancêtre de tous les existants[...]
Je ne sais de qui il est le fils,
il ressemble à l'ancêtre de dieu(x).

La référence au(x) dieu(x) marginalisée

Au lieu de trôner et d'imposer au monde sa verticalité, originelle et destinale, la référence au(x) dieu(x) - seigneur(s) n'est pas critiquée mais reléguée, secondaire, et devient marginale. « Comme si », « il ressemble... », dit le *Laozi* : la modalité du « comme si » assimile, au lieu de vouer à l'étrange, elle *apparente* et cette « filiation » suffit, puisque ce vers quoi elle nous invite à remonter, à travers le stade du « fruste » ou du simple[g], est précisément l'*indifférencié* et, par là même, harmonisant qu'est le fonds « sans fond » de la Voie. C'est dire que, en s'entourant du flou des origines, le *tao* dissout lui-même la question en son fond – il la *confond.* Si le « d'où vient ? » surgit comme la question par excellence, se levant la première, pour ouvrir un Dehors à la naturalité des processus, on lit ici comme le *Laozi* l'envisage sans s'y risquer, la traverse sans plus la scruter : au lieu de la creuser, il la *résorbe* – il ne s'y enfonce pas. « Il est une réalité confusément formée, est-il dit simplement en guise de commencement, elle est née avant le ciel et la terre... » (§ 25). Ou, plus simplement encore, on évoquera l'« antiquité » du *tao* – « ancien » - « antique » (*gu,* § 14, 21) : le terme ne sort pas de la familiarité d'un écoulement passé, il intègre et ne garde rien d'insolite. Comme le développe l'autre grand texte du taoïsme antique, le *Zhuangzi*[17] : « Il est son propre fondement, il est sa propre racine, [cela] avant qu'il y ait le ciel et la terre, depuis l'Antiquité, de sorte qu'il existe intrinsèquement » (*gu*, sur un mode immanent) ; ou encore, « il remonte plus haut que la plus haute Antiquité, mais n'est pas vieux pour autant », « personne n'en connaît le début, personne n'en connaît la fin ». Remonter « plus haut » dans la durée, autrement dit, ne nous fait pas sortir de la durée du procès ; et s'il est décrit un stade dernier de l'expérience qui, par dépassement des limites de l'existence et se confondant avec le *tao*, est « sans passé ni présent » et, par conséquent, « permet d'accéder à ce qui ne meurt ni ne naît », on n'en constate que plus crûment qu'on ne dispose pas, au sein de la pensée chinoise, d'une notion positive pour prendre en charge un tel stade et le désigner sur un autre plan : ce « sans passé ni présent » signifie que tous deux se confondent et s'indifférencient, comme toute disjonction y est *naturellement* portée, non qu'ils se replient au sein d'une même simultanéité (le *tota simul*) par effacement du « temps ». Aussi, même à ce stade ultime de l'élévation taoïste, cet absolu ne peut-il recevoir un statut d'« éternité » puisqu'il ne dispose pas de ce qu'il faut à

Pas de plan de l'Eternel : le *tao* « ancien », dont on ne connaît ni le début ni la fin...

celle-ci de conditions de possibilité ; il n'est pas intéressé, à vrai dire, ou même seulement tourné, en ce sens.

Ni Création ni Fin des temps

Tout le réel étant en proie à une transformation continue, sans début assignable ni fin escomptée, on comprendra pourquoi la Chine n'a pas pensé la « création », elle par qui se disjoignent l'éternel et le temporel et qui sert de point de départ au temps – ni non plus de « fin des temps », où le temps se résorberait : aucun Événement n'ouvre ou ne clôt le déroulement, et les quelques éléments mythiques qui auraient pu, ici comme ailleurs, servir à sa mise en scène (Nüwa) ont tôt été délaissés, ils n'assumeront pas de fonction pour la pensée et nous frappent plutôt par leur étiolement. Or, allons plus loin dans la topologie de l'écart, en suivant cette absence ; ou descendons plus bas dans cette géologie du clivage – sondons le socle : c'est à l'évidence la notion d'« être » qui, en Grèce, fournit son statut à l'éternel en l'opposant au « devenir » (*einai/gignesthai*) ; l'éternel est ce qui est toujours, ou plutôt, simplement, il « est » (Plotin). De l'éternel, pour le définir, il suffit de dire qu'il *est*. Or on sait que le chinois classique ne connaît pas de verbe être, mais seulement la fonction copule, le « se trouver dans », ou l'« il y a » (*ye, cun, you*) : comme elle n'a pas extrait d'« être » du devenir, ni non plus n'a abstrait d'identité des essences, qu'elle n'a par conséquent pas envisagé d'« au-dessus » ou d'« au-delà » du temps, la Chine n'a pas conçu d'*a-temporel* à opposer au temps. Elle n'a donc pas eu – tant il est vrai que de la pensée ne se « plie » et ne se forge que par opposition – à penser le « temps ».

Quand « manque » le verbe Etre

5. Que la langue dispose ou non du verbe être nous fait signe vers un troisième pli dans lequel se trouve prise la pensée du temps. Ce pli est celui de la langue, et c'est en lui sans doute que la pensée du temps se trouve le plus impliquée puisqu'il se situe en amont de toute élaboration théorique et la conditionne – du moins il la prédispose.

Ainsi, c'est parce que nos langues sont à conjugaison que, depuis les Grecs et les Latins, nous distinguons systématiquement, et opposons entre eux, les temps du « passé », du « futur » et du « présent » ; et c'est parce que nous séparons radicalement ces trois temps que nous avons commencé par nous heurter à ce paradoxe qui nous révélait la question du temps. Si, des deux parties qui composent le temps, aucune ne peut exister, puisque le « futur » n'est pas encore et que le « passé » n'est plus, il s'avère cependant que le seul fait de conjuguer, de dire « était » ou « sera », suffirait à prouver que le temps existe – Dieu, dit Plotin, [18] ne pouvant lui-même « se tromper » en s'exprimant ainsi. Quant au temps présent, il lui revient, par opposition aux deux autres, de pouvoir séparer l'éternel de l'ordre du temps : ce qui le définit est qu'il « est », on ne peut dire de l'éternel qu'il « était » ou qu'il « sera ».

Passé/présent/futur

Quand la langue ne conjugue pas

Or, déshabituons-nous de nos langues (« nos » : l'indo-européen, mais l'arabe ou l'hébreu également). Prenons en compte ce fait élémentaire, trop élémentaire pour qu'on en mesure aisément l'incidence – son aval est sans fin, que la langue chinoise *ne conjugue pas*. Là, le fait est brut et massif. Elle n'était donc pas portée à séparer *des* temps, comme l'implique la conjugaison, et ne conduit par conséquent pas à penser *le* temps comme genre commun né de leur composition. Au lieu de recourir au présent, ou au passé, ou au futur, et donc de choisir entre eux, le chinois – sans désinences – s'exprimerait, pour le représenter dans des termes qui soient les nôtres, en une sorte d'« infinitif » : s'y perçoit la conscience de ce qui « s'en vient » ou « s'en va », selon la définition traditionnelle en Chine du « passé-présent », mais plus sur un mode de continuelle transition, à caractère processif, que sur celui d'une opposition dont l'effet serait temporalisant. Cette langue possède aussi ses marqueurs : « sur le point de » ou « déjà », que définissent rigoureusement les Mohistes [19], mais ceux-là sont des repères ajoutés occasionnellement à l'expression et ne sont pas morphologiquement constitutifs. Qu'on imagine, en effet, ce que peut être de ne plus *con*-juguer, c'est-à-dire de ne plus lier morphologiquement le temporel au verbal, et donc de ne plus avoir à choisir nécessairement, et de façon exclusive, de modalité temporelle. J'ai dit : qu'on *imagine*, parce qu'il s'agit de se défaire, en ce cas, non d'une mais de toutes façons de dire et de penser, s'agissant en effet de ce qui, le plus tôt et le plus collectivement appris, organise et déploie de soi-même, en sous-main, notre *première* façon d'articuler. Bref, que ce soit cette autre articulation, ou plutôt cette inarticulation, qui nous habite et nous soit naturelle : qu'il n'y ait plus de grammaire des temps. On m'accordera volontiers, je crois, que l'indéfinition à laquelle elle laisse ne pouvait manquer de favoriser une inexplicitation du « temps ».

De l'indéfinition des temps à l'inexplicitation du temps

Souvenons-nous du doute dont est pris Bergson à cet égard, et quel parti il en tire. Si la pensée est si maladroite à pénétrer le « mouvant » et la durée, c'est non seulement que, par commodité, elle s'est représenté le temps en le spatialisant (la trajectoire du mobile selon Aristote), la succession temporelle répondant à la juxtaposition dans l'espace ; mais aussi, ou plutôt d'abord, parce que le langage qui l'exprime est, de par nature, stabilisant, constituant le monde en « chose » et le moi en « sujet » : s'y trouve recouverte et dénaturée la durée en tant qu'« improvisation » et que « renouvellement continu ». Or, je me demande si ce n'était pas là, de sa part, s'arrêter trop tôt, et si l'on peut s'en tenir à un verdict aussi général, le philosophe, se contente de conclure Bergson, subissant le problème « tel qu'il est posé par le langage[20] ». Car, vis-à-vis du « temps », il n'y aurait peut-être, à y regarder de plus près, non pas tant le langage, considéré globalement, que *des* langues – nous pensons *en langues* – dont les possibilités et les effets sont structurellement différents ; et sans doute faut-il sortir de l'indo-européen, et se faire « philologue », comme le réclamait Nietzsche, si l'on veut se hisser hors de notre vision - codification du « temps ». Considérons en particulier ce caractère de succession,

Non le fait du langage, mais de langues

constitutive d'« états » qui sont seulement juxtaposés entre eux (comme « les perles d'un collier », dit élégamment Bergson), et non point « fondus » ensemble et par conséquent indivisibles, comme dans le cas d'une « mélodie » : c'est lui, dénonce Bergson, qui empêcherait de penser la continuité in-morcelable de la durée. Or, il me paraît explicité, comme aussi corroboré, par la disjonction des temps qu'y découpent nos langues à conjugaison.

Augustin est, me semble-t-il, celui qui a le mieux perçu l'inscription du temps dans la langue et, plus précisément, dans sa conjugaison. Car il se bat avec elle. A la fois, il s'y fie et s'en défie. Il s'y fie parce qu'il ne peut faire autrement : parce que l'inscription du temps dans la conjugaison est le pli même de la langue, par lequel nous l'apprenons – notre langue est bien maternelle (ou plutôt « paternelle » : *sermo patrius*) –, on est sans distance vis-à-vis d'elle : « Qui oserait me soutenir qu'il n'y a pas trois temps, comme nous l'avons appris étant enfants, et enseigné aux enfants, le passé, le présent et le futur... » –, la morphologie de la langue s'apprend et se transmet avec la vie. Mais comment ne pas voir aussi que cette tripartition handicape la pensée, en même temps qu'elle la structure, et qu'il faudrait en corriger indéfiniment l'usage ? Augustin n'en finit pas, effectivement, de désécrire et de raturer. Je ne peux pas dire que le temps passé est long, constate Augustin, puisqu'il n'« est » pas, mais qu'il a été long ; mais je ne peux pas dire, non plus, qu'il « a été » long, puisque, dès lors qu'il est passé, il n'est plus – nous dirons donc plutôt : le temps présent a été long. Mais celui-ci n'a pu être « long », puisqu'il est sans étendue, etc. Pris au piège de la conjugaison, nous ne pouvons plus rendre compte de ce dont nous ne cessons, pourtant, de faire l'expérience : le *quamdiu* de la durée ; constitués en instances séparées (passé / présent / futur), les temps ne peuvent qu'obscurcir la perception du procès, continu comme il est.

Augustin : l'intelligence du « temps » est fondue dans la langue

Augustin va plus loin. Et cela précisément parce que, au lieu de se livrer d'emblée à la « question du temps », telle qu'elle s'est constituée, et, se laissant prendre par elle, de nous en donner aussitôt sa version, d'en développer son usage, il s'arrête temporairement *sur le seuil* de la question. Il commence par en écouter l'étrangeté, reste ouvert le plus longtemps à sa dimension d'énigme. En constatant que le temps ne s'entend que *dans* la langue, qu'il y a donc comme une indécollabilité de la langue et du temps, il commence par jeter un regard, comme du dehors – par-dessus le mur de la langue – sur le conditionnement linguistique de la pensée du temps. *Comme du dehors,* et comme malgré lui. Car ce n'est que de l'intérieur de la langue, quand nous l'articulons, que « nous parlions » ou que « nous entendions parler », que provient la familiarité qui est la nôtre vis-à-vis du « temps » et qui fait que l'« intelligence » que nous avons de lui est fondue dans la langue, qu'elle est à la fois entretenue et portée par elle –, le « temps » ne fait sens que coulé en elle. On en revient au paradoxe de départ : *tant que* nous en parlons ou que les autres nous en parlent, nous croyons entendre ce qu'on en dit ; mais dès que nous voulons l'expliquer, les problèmes se lèvent, inextricables. L'occasion était trop belle pour que Wittgenstein n'emboîtât directement le pas, ici, à Augustin[21] : dans ce cas, nous n'avons pas affaire au « phénomène » lui-même – nous ne pouvons « voir au travers », *durch-schauen* – mais seulement à ses « possibilités », telles que les livre leur mode d'expression. Telles que les canalise, en l'occurrence, le prisme diffractant de la conjugaison.

Nous pensons le « temps » en latin

Ce qui se laisse considérer également en sens inverse : Augustin exploite les possibilités de sa langue pour penser le temps, et sa pensée du temps prend la forme du latin. Je ne crois pas que ce soit trop dire que de prétendre qu'Augustin pense le temps *en latin*. Il construit sa notion du temps en en déployant la syntaxe. Qu'on s'en rapporte, par exemple, à son usage des différents cas de la question du lieu, tels que nous les apprend la grammaire : « d'où » - « par où » - « vers où » (*unde, qua, quo*). A chacune de ces questions correspondra un temps. « D'où vient » : le futur ; « par où passe » : le présent ; « où va » : le passé. Augustin remplit à la suite les divers cas – autant de cases que la langue a prédisposées ; de là, sa définition du temps les composant en système au sein d'une phrase unique dont il exploite la capacité rhétorique (et l'effet dramatique) : « *De* ce qui n'est pas encore, *à travers* ce qui est sans étendue, il court *vers* ce qui n'est plus ». Un cas, pourtant, reste à part au sein de la panoplie syntaxique : le lieu où l'on est (*ubi*). Le lieu stable, qui n'est plus traversé par aucun mouvement, mais où l'on peut séjourner. Augustin l'emploie une fois : « *Là* j'entendrai la voix de Votre louange et je contemplerai Votre joie » – « qui ne vient ni ne passe »[22]. Cette case qui restait à remplir, séparée des autres, est celle qu'occupe à part l'éternité. Développé au creux de sa syntaxe, et moulé sur elle, son système du « temps » ne gardera plus rien de l'inquiétude initiale, il a fini par la recouvrir[23] ; en laissant complètement jouer sa langue dans son pouvoir organisé d'assignation, celui-ci impose chaque fois raison à ce en quoi, par la conjugaison, elle ne cesse pourtant de se contredire.

On se doute que, pas plus que de la conjugaison, la langue chinoise, parataxique, ne dispose de cette panoplie des questions de lieu et, par voie de conséquence, de cette syntaxe du temps. Quels sont donc ses moyens propres pour penser ce que *nous appelons* le « temps » ? Ou, si lui font effectivement défaut ces partis pris qui sont les nôtres, qu'elle en a d'autres, *pouvait*-elle penser le temps ?

II — TEMPS OU SAISONS

« Ères », « saisons », « époques »

1. Marcel Granet est le premier à avoir avancé, avec la perspicacité qui fut la sienne, que la Chine n'avait pas élaboré de concept de temps[24]. Ce ne sont pas comme des « lieux neutres » que le Temps et l'Espace apparaissent aux Chinois ; personne, en Chine, « n'a songé à concevoir le Temps sous l'aspect d'une durée monotone constituée par la succession, selon un mouvement uniforme, de moments qualitativement semblables ». Les Chinois ont préféré voir, selon les belles formules de Granet, dans le Temps, un ensemble d'*ères*, de saisons ou d'époques ; dans l'Espace, un complexe de *domaines*, de climats et d'orients. D'une part, le temps et l'espace ne sont pas dissociables l'un de l'autre : aux portions du temps répondent des parties de l'espace, leurs emblèmes sont communs, chaque période est solidaire d'un climat, chaque orient lié à une saison. De l'autre, au sein d'une durée diversifiée, en proie à un besoin périodique de réfection, chaque période possède sa rubrique symbolique et ses attributs propres, qui lui confèrent sa consistance, en l'individualisant, et obligent à l'aborder et s'y conduire différemment : les Chinois ont conçu, non point l'espace ou le temps en soi, mais des « sites » et des « occasions ».

Les paresses de la pensée *standard*

Énoncée aussi brillamment et de façon aussi tranchée, cette constatation n'a pas manqué, depuis, d'effrayer des sinologues : comme si reconnaître que les Chinois n'ont pas élaboré la notion d'un temps homogène abstrait, c'était avouer implicitement qu'ils n'avaient pas pensé, ou que leur pensée était restée en enfance. Ce qu'on ne saurait admettre au vu de leur brillante civilisation (Needham[25]). De plus, si les Chinois ne possédaient pas une notion abstraite du temps, objecte-t-on, comment auraient-ils pu écrire l'histoire comme ils l'ont fait et, notamment, dresser ces « tableaux annuels » (*nianbiao,* chez Sima Qian) relatant des événements survenus dans les différentes principautés, sans rapport historique entre eux et néanmoins contemporains[26] ? Une telle synchronicité sous-entendait une conception de la simultanéité qui n'est elle-même pas concevable sans la notion abstraite d'un « temps universel ». Parallèlement, ces sinologues sont obligés de reconnaître qu'on ne trouve pas, en Chine, le moindre propos développé sur le « temps ». C'est donc, conclut Christoph Harbsmeier, que les Chinois ont gardé leur réflexion implicite à cet égard et ne nous livrent, dans leurs rares et laconiques formules, que des « conclusions ». Ils se dispenseraient d'étaler leurs débats théoriques : s'il n'y en a pas trace, faisons-leur néanmoins confiance, ils en ont eu – ils l'*ont dû.*

De l'universalité imposée du concept européen

Or, les penseurs chinois d'aujourd'hui ont eux-mêmes été gagnés, au contact de l'Occident, à cette idée d'un concept *de droit* du temps. Car, d'une façon générale, le concept une fois rencontré, sa commodité éprouvée, on ne saurait désormais s'en passer, et cela au prix des pires distorsions, comme toute l'histoire de la pensée chinoise et japonaise du XXe siècle le prouve assez ; le concept n'était peut-être pas universel dans sa compréhension, mais il le paraît désormais de par l'uniformité de son usage. Aujourd'hui, les grandes catégories européennes, dont on perçoit pourtant sans peine, à l'analyse, qu'elles relèvent d'une histoire et de choix particuliers, se sont imposées – et cela est allé de pair avec l'hégémonie historique de l'Occident – comme les *standards* de la pensée. « *Time,* nous dit ainsi Wu Kuangming, l'un des penseurs chinois les plus influents aux Etats-Unis[27], *is one of those indefinably basic, primitive or primary concepts such as "length", "A is A", and the like.* » Merci donc à l'Occident, « nous lui devons notre gratitude » pour la clarté analytique avec laquelle il l'a conçu : ce « mode de penser occidental » sera l'outil, nous nous en servirons pour décrire l'expérience chinoise du « temps vécu » – celui-là servira d'« ovule » et celle-ci est la « semence »... A partir de quoi s'instaure un parallèle dont on perçoit sans peine, en dépit des dénégations d'usage, de quel côté il laisse pencher la balance : le temps a été traité de façon « objective », et souvent « absconse », en Occident, tandis que la Chine propose une approche non objective de ce non-objectivable (« *a non objective approach to non objectifiable time* »). Si les Chinois n'ont pas pensé le temps, c'est qu'ils ont « l'esprit concret », ainsi que ne cesse de le répéter la sinologie comme s'il s'agissait là d'une raison ultime (comme on dit aussi des Latins, chez nous, pour justifier, en regard des Grecs, le moindre développement qu'y connaît la philosophie).

> Mais qu'est-ce, au juste, demandons-le-nous, qu'avoir l'« esprit concret » ? Et comment cela pourrait-il suffire à dire ici la différence ? « *The Chinese people are incorrigibly concrete* », répètent désormais les Chinois eux-mêmes.... Or, par chance, le temps aussi serait « concret » : « *Time is incurably concrete* »... Aussi, à avoir pensé le « temps abstrait », comme l'a fait l'« Occident », le « coût », on s'en doute, n'est pas des moindres ; il ne serait rien de moins, conclut Wu Kuang-ming, que de finir par nous aliéner nous-mêmes « *from the flesh and blood of concrete time* ».

Nouveau *pli*, nouveau départ

Ce qui nous oblige à reposer la question : puisque la Chine n'a pas élaboré un concept abstrait du temps, et que pourtant elle aussi *a pensé*, pourquoi continuer de poser au départ, sans même en questionner le principe, que ce concept de temps est « primitif » et « basique » ? Pourquoi ne pas plutôt suivre la pensée chinoise dans sa propre élaboration notionnelle, en la libérant du concept imposé du temps ? Autrement dit, pourquoi céder aussitôt au pouvoir, non pas tant de détermination que d'exclusion, dévolu au concept, et rater dès lors cette chance qu'on ne pourra plus retrouver, à jamais perdue pour l'intelligence, d'un autre *pli* de la pensée ? C'est même là ma seule réserve vis-à-vis du travail engagé par Marcel Granet qui, conduit par un intérêt plus anthropologique, ou sociologique – il reste un Maître en ce domaine –, n'est pas passé par l'étude des penseurs chinois pour envisager comment pourrait s'articuler autrement, en Chine, le champ notionnel de ce que nous appelons le « temps » ; il n'est dès lors pas sorti de l'arbitraire initial que constitue, vis-à-vis de ce champ, le concept de Temps qui sert à le chapeauter. Aussi l'analyse est-elle à reprendre, à mon sens, en tentant d'élucider la cohérence des notions chinoises, c'est-à-dire d'épouser leur propre perspective et sans plus les faire entrer de force dans un cadre théorique préétabli – même si les Chinois eux-mêmes, aujourd'hui, l'ont si bien admis.

2. Si l'on prend le parti de se référer aux notions qui leur sont propres, il apparaît que les Chinois ont pensé conjointement deux choses : le *moment - occasion* d'une part (notion de *shi*[(h)]), la *durée* de l'autre (notion de *jiu*[(i)]). Ils n'ont pas conçu, en revanche, une enveloppe qui les contienne également tous deux et qui serait le « temps ».

Donner un sens fort à la *saison*

Le premier de ces termes, signifiant à la fois le « moment » et l'« occasion », laisse voir étymologiquement, dans sa graphie, le radical du soleil associé à un groupement typique de traits figurant la végétation. Le sens du sinogramme est orienté par cette relation féconde : « Le soleil fait éclore les germes de vie contenus dans la terre » (Claude Larre[28]) ; il fait signe vers une condensation de souffles favorisant fécondation et poussée. Dans cette civilisation essentiellement agricole qu'est celle de la Chine ancienne, un des emplois originels et prépondérants de la notion, on le déduira sans peine, est celui de « saison » (*si shi*[(j)] : les « quatre saisons ») : ce sont elles qui, rythmant cette interaction bénéfique, permettent le renouvellement de la végétation et, à travers lui, la réfection de la vitalité. Que sont donc les « saisons », en effet, si, créditant leur notion d'un sens fort, comme le font les Chinois, on laisse définitivement de côté ce qui s'est figé, jusqu'à l'insipidité, dans les clichés de nos ornementations bucoliques ? Elles ne sont pas qu'un décor, mais composent les scènes de la vie. Or, ce qui les caractérise, sous la banalité par laquelle elles viennent à nous, est, d'une part, qu'elles sont *qualitativement différentes* : elles font intervenir chacune un élément privilégié, que le parallélisme chinois se plaît à mettre en contraste – la pluie (printemps), le soleil (été), le vent (automne), la neige (hiver) ; chacune a ses travaux, qui ne sauraient être omis ou différés : « labourer » au printemps - « sarcler » en été - « récolter » en automne - « conserver » en hiver ; chacune appelle un certain type d'activité, chacune induit un mode de vie. D'autre part, les saisons en variant s'enchaînent, elles s'enchaînent parce qu'elles varient ; aussi constituent-elles un *même cours*, celui de la « nature » ou de la « vie », dira-t-on en quête de la formulation la plus générale, et qui, grâce à leur alternance régulée, ne cesse de se reconduire de lui-même et de se renouveler.

Chaque saison induit son genre de vie

La vie agricole se décrit tout entière en termes de saisons, voit-on chez les penseurs de la Chine ancienne, son savoir, et même son seul savoir, est d'intervenir au bon moment de l'année, sans « devancer » ni « retarder »[29]. Il y a là comme une règle unique, en effet, dont les Chinois n'ont pas cessé d'élucider le bon sens et qui les inspire : cultiver à contretemps est vain, et même désastreux, alors que se conformer au moment suffit à assurer la prospérité, sans qu'on ait à se dépenser. Tout paysan le sait ; or la Chine ne s'est pas lassée de puiser à ce savoir. Aussi la notion de moment saisonnier a-t-elle, en se déployant, exercé son hégémonie sur le monde, tant liturgique que politique, des anciens Chinois. L'adaptation à la saison en est le principe unique. Dans les *Rituels* antiques, ce qu'il convient de faire en chaque saison, comme en chaque mois de la saison, se voit strictement fixé sans qu'aucun autre plan, religieux notamment, ne vienne le croiser : à travers la saison, servant de cadre et les incitant, les hommes s'accordent avec les mutations – tant invisibles que visibles – qui sont celles du Ciel et de la Terre et d'où provient sans discontinuité, ni non plus de mystère, ce qui se dit, en chinois, d'un même mot, au plus large spectre : « naissance » et « vie » (*sheng*). Aussi, selon ces « Commandements saisonniers[30] », tout jusqu'aux vêtements, aux ornements, aux déplacements, aux instruments mêmes – des divinités qu'on honore aux nourritures qu'on prend – tout diffère au gré des saisons ; et cela, bien sûr, vaut d'abord pour la personne du Fils du Ciel assurant la médiation entre le monde naturel et le monde humain :

Au premier mois du printemps, le soleil est dans la constellation Ying shi *(Pégase) ; la constellation Shen*

(Orion) atteint le milieu de sa course le soir, et la constellation Wei (la Queue du Scorpion) le matin.

Les dénominations qui conviennent le mieux aux jours de ce mois sont jia yi. *En ce mois, la divinité est Tai Hao ; l'esprit tutélaire Gou Mang.*

Les animaux à écailles conviennent spécialement [à ce mois].

La note qui lui correspond est jiao, *le tube musical est* tai zu.

A ce mois correspondent le nombre huit, la saveur acide et l'odeur rance.

On sacrifie aux génies tutélaires des portes intérieures, on offre d'abord la rate des victimes.

Le vent d'Est amène le dégel, les animaux hibernants commencent à se remuer ; les poissons montent jusqu'à la couche de glace ; la loutre offre du poisson aux esprits ; les oies sauvages s'en reviennent.

Le Fils du Ciel demeure dans le bâtiment latéral situé à gauche du Qing-yang [...]. Ses vêtements sont verts, il porte des jades couleur d'azur, il mange du blé et de la viande de mouton, les instruments dont il se sert sont travaillés au ciseau et ornés de reliefs [représentant les jeunes pousses sortant de terre].

Sous le règne du qualitatif : la saison est la rubrique

Tous ces *items,* se modifiant à chaque saison, voire à l'intérieur de la saison, constituent, dans cette énumération à la Borges, comme autant de modalités diverses d'une même harmonie qui est la tonalité propre à la saison. Sous ce règne de la qualité, l'art est celui des correspondances. Au premier mois de l'été, poursuit le *Rituel*, le soleil est dans la constellation Bi, les dénominations qui conviennent sont *bing* et *ding*, la divinité qu'on honore est Yan di, les animaux de saison sont les oiseaux, le nombre de saison le sept, la saveur de saison l'amer, l'odeur de saison celle des « choses brûlées », le Fils du Ciel s'habille en rouge, etc. La saison constitue ainsi la rubrique la plus générale où se croisent analogiquement, selon la qualité requise, les évolutions les plus diverses, des astres ou des animaux, les échelles et les gammes, les noms et les nombres, les lieux et les dieux, et jusqu'aux gestes et aux habits. Elle est le principe ordonnateur du monde, ou plutôt elle en fait chaque fois un monde selon une écologie particulière, en évolution, dont le ritualiste a pour mission de fixer strictement les modes d'adaptation.

Du rituel à l'histoire : respecter le moment saisonnier

Le premier précepte de la politique chinoise, en accord avec ce principe, sera de respecter la saison. Il vaut sur l'un et l'autre plan, celui de la préservation des ressources : ne couper le bois, ne pêcher, ne chasser, ne tuer, qu'à la saison qui convient[31] ; comme celui d'une bonne gestion des hommes : la première requête adressée au souverain est de respecter les diverses phases de l'activité agricole – notamment de ne pas employer le peuple aux corvées, ou à la guerre, quand le réclament les travaux des champs. Mencius réitère cette injonction comme étant au départ d'un bon gouvernement : n'« allez pas à l'encontre » de la saison des travaux agricoles, ne la laissez pas « perdre », ne vous la laissez pas « ravir »[32]. Il ne s'agit point là d'une question d'intendance, ce souci de préserver la richesse naturelle est à la base de l'économie d'un pays et, à partir de là, de sa moralité. Les penseurs chinois, sur ce point, n'insisteront jamais assez : s'il s'agit là du premier principe d'un bon ordre politique, c'est que c'est à lui qu'il revient à la fois d'attester et de garantir l'adaptation du monde humain à l'ordre de la nature, dont a la charge le souverain. C'est pourquoi, entre l'un et l'autre, l'analogie est complète, un ordre se reflète en l'autre : de même que, si l'on respecte les saisons de la nature, le monde naturel est conduit à prospérer, de même, si les commandements politiques sont « de saison », le peuple alors « sera uni » et les gens de bien « seront soumis »[33].

De l'ordre de la nature à l'ordre de l'histoire, en passant par celui de la politique, la transition est établie : cette conception d'un « moment saisonnier » (*shi*) indiquera alors le caractère propre, correspondant à une situation spécifique, d'un moment historique particulier (cf. la notion parallèle de *shi* comme « potentiel de situation ») ; elle rejoint alors la notion de génération successive, de période et d'époque (l'autre terme *shi*[(k)]) – « les temps », mais non point le temps. Des formules proverbiales en attestent, qu'aiment à citer les penseurs : « Les temps changent, les époques diffèrent », « c'était là un moment et, maintenant, c'en est un autre »[34] ; à chaque époque sa situation. En mettant en relief la différence intrinsèque des moments, voire leur incomparabilité, cette notion de « moment » sert à mettre en valeur, d'un point de vue théorique, le caractère d'historicité de l'histoire et sa dimension d'innovation continue ; et, d'un point de vue plus polémique, elle a servi à prouver que, compte tenu de la différence et de l'unicité des moments historiques, les normes qui étaient adaptées à un moment ne le sont plus au suivant : aux yeux de ceux qui revendiquent un ordre nouveau pour la Chine, à la fin de l'Antiquité, l'« essentiel » des normes et des codes – bien loin que ceux-ci soient uniformément valables à toute époque – « est dans le moment » qui, en tant que saisonnier, ne cesse de se renouveler ; voire, « ce moment se trouve aboli en même temps que les anciens codes sont périmés »[35].

Y capter l'immanence

Ce qui, d'un point de vue pratique, conduit à concevoir ce « moment » circonstanciel, historique ou saisonnier – le terme employé est le même –, comme une « occasion ». Que celle-ci s'offre comme un moment privilégié pour agir, voire détermine à elle seule le succès, comme se plaisent à le répéter les anciens Chinois, tient à son caractère *conjoncturel*, permettant la particularité qualitative de l'adaptation ; en même temps qu'à son caractère *évolutif*, promettant un développement à venir de l'effet impliqué – à l'instar de la saison[36] : si l'on intervient au bon moment, ce qui se trouve ainsi engagé, au sein du procès des choses, s'inscrivant alors dans un réseau de facteurs favorables, se voit porté de lui-même à se déployer, d'une façon naturelle, sans qu'on ait plus dès lors à vouloir, à risquer ou à peiner, ou même seulement à se dépenser. *Occasion* répond ainsi à *situation* – le *Laozi* débute sa liste du « positif » par l'une et finit par l'autre : « Le bien dans l'ordre du lieu est le site », « Le bien quand on se met en mouvement est le moment - occasion »[37]. Il s'agit là, non du « temps », mais du temps « opportun » – le latin aussi le disait : *tempus capere*, « saisir l'occasion » –, ce temps qu'il faut savoir « attendre » aussi bien que ne pas rater ; celui-ci s'inscrit dans une logique stratégique et non point théorique, et c'est pourquoi on le rencontre, dans son emploi verbal, au sens de : [être attentif au] moment [qui convient]. J'en citerai ce seul exemple, pour l'illustrer, pris au cœur d'une anecdote célèbre. Un jour, un grand seigneur de la principauté de Lu « voulut voir Confucius » (sans doute, faut-il comprendre, pour le faire entrer à son service) ; « Confucius ne le reçut pas » (sans doute, faut-il comprendre, parce qu'il suspectait son ambition). « Yang Huo lui fit offrir un cochon de lait, et Confucius attendit le moment où il n'était pas là pour aller le remercier. Mais il le rencontra en chemin... »[38]. L'expression des *Entretiens* est ici des plus concises puisque ce que nous rendons par : « attendre (guetter) le moment opportun où » est exprimé par ce seul terme *shi* désignant le « moment » (« saison ») et servant ici verbalement. Car ce moment en lui-même n'est ni neutre ni indifférent, il demeure qualitativement marqué à l'instar de la saison, et c'est pourquoi il est stratégique. Il n'est pas la simple contraction du « mouvement », conçue dans une perspective physique et composant un temps homogène, comme le dit chez nous l'étymologie (*momentum* venant de *movimentum*) ; mais il porte en lui la marque intrinsèque d'une opportunité qu'il invite à percevoir et qu'il convient d'épouser. Comme tel, il est inséparable d'une situation, traversé par une propension.

L'abstraction d'un moment duratif

3. La question ne peut nous laisser indifférents, en dépit de sa tournure spéculative, platement comparative, tant elle engage déjà de possibilités implicites, et de « choix », quant à la vie. De cette situation comme de cette propension, demandons-nous, les penseurs chinois ont-ils su - pu - voulu - faire abstraction ? Ont-ils jamais coupé la filiation du « moment » avec la « saison » ? Autrement dit, ont-ils conçu celui-ci de façon neutre, sans qualité, ainsi que nous l'avons fait, sans plus rien qui rappelle en lui la circonstance et l'occasion ? La langue déjà d'une certaine façon le fait elle-même quand elle dit, en chinois comme ailleurs, « au moment où... ». Voire la notion en est pensée quand elle est rapportée – ce qui n'est pas pour nous surprendre – au « mouvement », et se retrouve par conséquent chez ceux-là mêmes qui ont pensé le mouvement, dans la Chine antique : les Mohistes. « Commencer est être en accord avec le moment (*shi*) » est commenté, dans leur *Canon*, par : « Le moment du mouvement soit possède la durée, soit est sans durée »[39]. Sont ainsi distingués deux sortes de moment : celui qui correspond au début d'une chose, quand une chose « commence » à être ce qu'elle est, et qui ne dure qu'un instant ; et celui qui dure tant que la chose continue d'être ce qu'elle est en remplissant une portion de la durée[40]. La question devient alors, en regard de la philosophie grecque, ce rapprochement esquissé renforçant l'écart : pourquoi les Mohistes qui, du moment saisonnier, ont abstrait la notion d'un pur moment et de sa durée, les désolidarisant du règne de la qualité pour les concevoir sous celui de la seule mesure, et les rapportant au mouvement, n'ont-ils pas abouti pour autant, à travers eux, au concept de temps ?

A travers le duratif, le *Zhuangzi* se rapproche d'un concept abstrait du temps

De fait, la spéculation chinoise, à la fin de l'Antiquité, paraît parfois près d'y aboutir. Ainsi, dans un des chapitres les plus philosophiques du *Zhuangzi*, évoquant les deux infinis, de la grandeur et de la petitesse, la question posée est celle des termes extrêmes : puis-je tenir l'univers pour grand et la pointe d'un poil pour petite ? A quoi il est répondu : « Non ! Car en ce qui concerne les existants, la quantité est sans fin, la durée est sans terme, et le lot imparti sans constance »[41]. Envisagé ainsi à la suite de la « quantité », le second terme de l'énumération (*shi* : le « moment », non plus saisonnier ici, mais duratif) est lui-même purement quantitatif ; en même temps, ce terme n'est pas considéré abstraitement des existants individuels et de la condition particulière qui leur échoit (cf. le troisième point : le « lot » imparti) : il s'agit donc, non du temps, mais de *leur* temps. L'abstraction vis-à-vis du caractère qualitatif du moment est accomplie, mais non la séparation vis-à-vis de son support, et ce « temps » ne se constitue donc pas en sujet - agent indépendant ; aussi ce « temps », n'étant pas isolé, reste-t-il celui d'une chose ou d'un être particulier – ce qui revient à sa « durée ».

Par son indétermination, l'expression suivante en frôle pourtant la possibilité : le sage, est-il dit, met en lumière par son expérience un « présent - passé », dont l'« extension » est sans le lasser et le « raccourcissement » sans le faire désirer davantage ; aussi a-t-il conscience de ce que ce « temps » (*shi*) est « sans terme » ou sans arrêt. Mais, là encore, ce cours infini (du temps) n'en reste pas moins lié à la perspective d'une existence particulière, comme le laisse voir une formule qui suit : « le moment - durée (*shi*) de sa vie n'équivaut pas à celui d'avant sa vie ». N'étant pas l'objet d'un intérêt théorique, la dissociation n'est pas achevée qui donnerait au « temps » sa consistance : il ne peut s'agir là d'un cours *autonome*, comme lorsque nous disons le « cours du temps » ; ni non plus d'un cadre *global*, commun à tous les déroulements, comme quand nous disons : « dans le temps ».

Mais la durée est toujours durée *de* (ou qu'est-ce qu'une question qui ne se forme pas ?)

Si la *durée* est bien un des attributs compris d'ordinaire dans le concept de temps, en allant de pair avec la succession et la simultanéité, il n'en reste pas moins que la durée, en tant que telle, n'est pas séparable d'un processus particulier, et qu'il s'agit toujours de la durée *de* : d'un acte, d'une vie, d'un monde,... ; le temps, en revanche, se constitue en concept quand il est posé en entité isolée. Aussi la question se laisse-t-elle reformuler plus précisément, en s'envisageant cette fois dans les deux sens, et c'est sous cette perspective, faisant enfin surgir le vis-à-vis, qu'on pourra commencer d'y répondre : pourquoi a-t-on fait, en Occident, de la durée un être propre, indépendant des durées individuelles et les comprenant : le « temps » ? Et pourquoi la Chine, à l'inverse, n'a-t-elle pas abstrait « le » temps, en en faisant une instance isolée et le détachant de la durée des divers procès ?

L'intérêt, dès lors, à considérer ces textes chinois, est bien là : dans un concept dont on voit, en Chine, l'opération d'abstraction *près* d'aboutir, mais qui, parce qu'il ne s'inscrit pas suffisamment dans le contexte notionnel de sa pensée, ne se déploie pas ; qui, parce qu'il n'est pas assez porté par l'objet et l'enjeu de sa réflexion, ne s'impose pas – les Mohistes qui, d'une certaine façon, pourraient le promouvoir se trouvant eux-mêmes très tôt marginalisés, on l'a noté ; par suite, l'intérêt est dans une question – la « question du temps » – qui, parce qu'elle ne répond à rien de constitutif, au sein de la pensée chinoise, *ne se forme pas*. Ce n'est pas que les Chinois n'ont pas *su* penser le temps, on le vérifie à ces élaborations, mais plutôt qu'une plus ample élucidation de la notion n'était pas nécessaire à l'orientation prédominante de leur réflexion, selon l'optique stratégique qu'ils ont privilégiée ; le moment - occasion, qu'il faut savoir attendre pour se laisser porter par lui au succès, les a tellement plus intéressés... Même là où nous voyons pousser au plus loin l'abstraction, dans un sens quantitatif, du moment - durée (comme dans le *Zhuangzi*), on se garde bien pour autant de renoncer à cette notion qualitative d'un moment conjoncturel selon laquelle, si l'on est en opposition avec le moment, comme il y est dit à la suite en guise d'avertissement, on sera décrété « usurpateur » ; tandis que si l'on est « en accord avec le moment », on sera célébré comme un « Juste »[42]... Ces deux sens continueront d'exister côte à côte : le moment - cours (de la durée) et le moment - opportunité, voire parfois sont laconiquement opposés[43(l)], mais sans que le premier jamais en vienne à recouvrir l'autre, sans surtout qu'il puisse servir à affirmer l'autonomie d'un « cours » qui, autoconsistant, serait le cours du « temps ». Sans qu'il puisse jamais s'extraire, par conséquent, de ce qui, aux yeux des Chinois, constitue le « cours » par excellence, et qui n'est autre que celui du grand procès des choses, le *tao* ou la « voie ».

« Le monde en tant qu'il dure »

4. Un couplage notionnel serait pourtant censé dire, en chinois, l'espace et le temps (*yu-zhou*[(m)]). Mais, comme l'a fort bien noté Graham, ces deux notions n'ont pas été conçues comme un temps et un espace abstraits, détachés du monde physique ; les deux termes, désignant tous deux originellement des parties du toit, ne sont pas séparés l'un de l'autre ni non plus affranchis de leur support, ils signifieraient donc plutôt : « le monde en tant qu'il s'étend » et « le monde en tant qu'il dure ».

Lecture des formules chinoises

Des deux formules données traditionnellement pour les définir, l'une conçoit la durée comme une croissance sans extrémités : « ce qui grandit, mais sans racine ni rameau » est le monde en tant qu'il dure, on n'en connaît ni le début ni la fin (parallèlement à : « ce qui possède réalité (solidité), mais sans localisation particulière, est le monde en tant qu'il s'étend »[44]. La seconde est devenue canonique : « Ce qui s'en va comme passé - ce qui s'en vient comme présent (ou : « le passé qui s'en va » - « le présent qui s'en vient ») est ce qu'on appelle *zhou*[(n)] ; les quatre directions et le haut et le bas sont ce qu'on appelle *yu*. Le *tao* se trouve au travers, mais personne ne sait où »[45].

Concernant la première partie de la formule, force est de constater comme elle est le plus souvent mal traduite, et pourtant chez de bons traducteurs – cela, par projection des notions occidentales et l'attente de retrouver dans l'expression chinoise notre conception du temps : n'y aurait-il donc pas qu'une seule conception possible, celle des trois temps et de sa perception entre deux extrémités ? Joseph Needham traduit : « On appelle *zhou* tout le temps qui s'est écoulé de l'Antiquité jusqu'à nos jours »[46], réintroduisant ainsi, à tort, un point de départ et un point d'arrivée – comme dans la représentation aristotélicienne du mouvement – de ce qu'il peut, dès lors, concevoir aisément comme étant le « temps ». Harbsmeier traduit pour sa part : « *the past, the present and the future are called* zhou »[47] : retour est fait, non seulement à nos trois temps, mais aussi à leur cloisonnement nominal (passé / présent / futur), ce qui ne respecte ni la syntaxe de la formule chinoise, fondée ici sur le parallélisme, ni le caractère bipolaire de sa conception. Et, de fait, la formule est à lire de près si l'on ne veut pas retrouver toujours dans la pensée chinoise un pâle reflet de la nôtre, voire son expression maladroite ou gauchie. Car il y a là, non pas trois termes mais deux, et chacun est en cours : « le passé qui s'en va / le présent qui s'en vient » ; ou plutôt : « ce qui s'en va : passé – ce qui s'en vient : présent » ; et les deux termes de la relation, à la fois notionnels et verbaux : passé - partir / présent - venir, sont à la fois opposés et complémentaires – à la fois tournés l'un vers l'autre et se tournant le dos, comme on le dit de deux tracés, contrastés mais se répondant, dans l'art chinois de l'écriture. Entre eux s'opère une constante *transition* : entre présent et passé, ce qui s'en vient et ce qui s'en va. La formule dit, non les

« Ce qui s'en va : passé ; ce qui s'en vient : présent »

extrêmes (immobilisés), mais le *passage* – qui est continu ; il n'y a d'ailleurs même pas, en elle, de « ce qui » substantivant : « passé / présent, s'en va - s'en vient » ; ce qui constitue le monde « en tant qu'il dure » est ce « s'en va - s'en vient » permanent.

L'expression qui suit, surtout, est essentielle : « le *tao* se trouve au travers », mais sans localisation déterminée. Ce qui signifie que ni cette durée ni cette extension du monde ne sont conçues indépendamment du grand procès du réel : celui-ci se réalise à travers elles, il les habite mais sans en occuper un moment ou un lieu particuliers ; la formule dit ainsi l'immanence de la « voie », partout présente et dans la durée. Ce qui confirme que, si un concept du temps ne s'est pas formé en Chine, c'est que, comme je l'avançais précédemment, la pensée de son cours n'a pas été isolée de celle du procès. Les Chinois n'ont pas abstrait le temps parce qu'ils ne l'ont pas extrait de ce qu'ils ont conçu comme le cours en constant renouvellement du monde, le *tao* ou la « voie ».

Espace / duration (*dans* l'espace, mais non « dans le temps »)

Plus significatif encore, d'un point de vue comparatif, est le fait que ceux qui, en Chine, ont voulu abstraire ces notions en ont modifié le couplage, les Mohistes, en effet, ne définissant pas conjointement l'espace et le temps, mais l'« espace » et la « durée », ou plutôt la *duration* –, la notion d'abord est verbale (à *zhou* est substitué *jiu*(o) dont l'étymologie graphique est celle d'un homme qui tend la jambe et parcourt une étendue, cf. *supra* B, 64). Que ce soit la durée, et non le temps, qui soit pensée de pair avec l'espace me paraît significatif à un double titre : d'abord, cela confirme que la pensée chinoise est préoccupée de la continuité du cours (du procès), et non du temps comme cadre des événements ; ensuite, voilà qui nous fait entendre avec une acuité nouvelle la voix de ceux qui, à un moment ou à un autre de l'histoire de la philosophie, du *quamdiu* augustinien à la thèse bergsonienne sur le temps spatialisé, ont suspecté que, contrairement à la durée, le « temps » n'était peut-être qu'une construction de l'esprit copiée sur la représentation de l'espace et ne tenant debout que par l'effet du couplage. Ils en auraient trouvé une confirmation, aussi forte qu'inattendue, dans cette définition des Mohistes, dont le parallélisme, accouplant les deux termes opposés, désormais est parfait[48] :

La durée : remplit les différents moments ;
l'espace : remplit les différents lieux[(p)].

Le « moment » (*shi*) a bien ici le sens neutre de moment - durée, au même titre que le « lieu », complètement dégagé par conséquent de la perspective qualitative où situations et occasions se répondaient. C'est même sur lui que les Mohistes s'appuient quand, après avoir sapé le couplage de l'espace et du temps, en y substituant celui de l'espace et de la durée, ils défont eux-mêmes celui-ci en en dénonçant l'irréalité : c'est, non pas la durée, mais le « sans durée » du moment qui va effectivement de pair avec l'espace et est compatible avec lui[49] ; car ce n'est qu'à chaque moment que la totalité de l'espace est présente, tandis que le reste de la durée est absent, autrement dit, c'est le *moment*, non la durée, qui est coextensif à l'espace, on ne peut avoir à la fois l'espace et la durée. L'effet, comme le remarque excellemment Graham, en est de détruire toute symétrie possible de l'espace et du temps, puisqu'il n'est plus possible désormais de « penser les événements à l'intérieur du temps comme ils sont à l'intérieur de l'espace ». Autrement dit, il n'y a pas de « dans le temps » comme il y a un « dans l'espace », ce qui s'avère effectif étant ce qui, *dans* l'espace, est *à chaque moment* différent (et les Mohistes, en tant que progressistes, insisteront sur l'importance historique de cette différence : les époques ne se ressemblant pas, on ne peut appliquer à la suivante les normes qui convenaient à la précédente). C'est donc chez ceux-là mêmes chez qui, en Chine, le travail d'abstraction est poussé le plus loin, les Mohistes, que le concept de temps, loin de s'affirmer, voit dissoudre jusqu'à sa possibilité.

Et pourtant, les Chinois n'ont pas méconnu les horloges

5. Et pourtant les Chinois ont très tôt mis au point la mesure rigoureuse des moments du jour : par le cadran solaire et la clepsydre dont le perfectionnement en Chine, nous disent Maspero et Needham[50], a été plus poussé qu'en Europe ; et si la mesure du temps fait, en Europe, un saut qualitatif décisif avec l'apparition des horloges mécaniques, le plus grand instrument de la révolution scientifique au XVIIe siècle, cette découverte a été précédée, montre aussi Needham, par l'invention, en Chine, d'une horloge astronomique très élaborée, comportant le premier engrenage de conversion solaire - sidérale, et qui, comme telle, est le prototype de toutes les horloges du monde.

ni les calendriers

Et pourtant les Chinois ont mis passionnément au point leur calendrier : celui-ci s'appuyait sur les quatre saisons, la longueur du mois étant déterminée par le cycle de la lune et les années comptées dans des cycles sexagésimaux combinant les dix Troncs célestes avec les douze Rameaux terrestres. De –370 à 1742 de notre ère, sur deux millénaires, quelque cent calendriers, ou séries de tables astronomiques, ont été élaborés, incluant des constantes toujours plus précises et déterminant avec toujours plus de rigueur les solstices, la longueur du jour, du mois et de l'année, les mouvements de la lune et du soleil et les périodes des révolutions planétaires.

ni l'historiographie

Et pourtant les Chinois ont été des maîtres de l'historiographie dont on peut considérer qu'elle a été, chez eux, la reine des disciplines. Elle a son origine dans le *Taishi*, cet astronome royal en fonction d'archiviste, et s'est maintenue institutionnellement sous toutes les dynasties. Non seulement les Chinois ont abondamment pratiqué le genre de l'historiographie, mais ils ont aussi très tôt réfléchi sur ses principes, la concevant le plus souvent comme une histoire globale des transformations de la société, s'opérant sur la durée longue, et tant institutionnelles, voire économiques, que proprement politiques, plutôt que de la restreindre au récit des événements. Différence notable, cependant, et qui me paraît révélatrice : les Chinois comptant les années selon les dynasties et les règnes, on ne trouve pas chez eux l'idée d'une ère unique comme l'est la datation olympique en Grèce, à laquelle contribua Aristote, ou celle de l'ère chrétienne, fixée chez nous au début du VIe siècle – l'idée d'un *point de départ* de l'histoire, fixant un « à partir d'où » du décompte (*aph'hôu*), ne les ayant donc pas plus intéressés que ne les a intéressés celle de la « création » du monde. Mais cela ne les a pour autant pas empêchés, nous rappelle Needham, d'élaborer une théorie cohérente – à sens unique et conciliant les disparités calendériques – de la légitimité dynastique et, dans des développements historiques continus, d'embrasser de vastes durées.

« Temps » traduit de l'occidental : l'« entre-moments »

A croire, par conséquent, que tous les arts et tous les savoirs qui, pour nous, en Europe, sont intrinsèquement liés au « temps » ont très bien pu se développer sans que son concept soit explicité. De ce que les Chinois n'aient pas pour autant conçu le « temps », en effet, nous en trouvons confirmation dans ce seul fait qu'ils en ont traduit – *dû* traduire – le terme en forgeant un néologisme, *via* le japonais, lorsqu'ils ont rencontré la pensée européenne, à la fin du XIXe siècle. « Temps » a été traduit en chinois comme l'« entre - moments » (*jikan* en japonais, *shijian* en chinois ; parallèlement à l'espace comme « entre - vide » : *kûkan* en japonais, *kongjian* en chinois[(q)]*). La traduction en est appropriée en ce qu'elle reprend bien ce qui a paru déterminant dans la conception du « temps »

* Le terme *shijian* apparaît pour la première fois dans le *Hanshu*, « Caocan zhuan », mais il y signifie seulement « maintenant, à présent » ; il a le même sens, ultérieurement, dans le *Xixiangji* ou dans les autres *yuanzaju*.

C'est à l'époque de Meiji, et plus précisément en 1872, d'après le *Grand dictionnaire de la langue japonaise,* que les Japonais ont traduit les termes « space » et « time » par *kûkan* et *jikan*. Parmi les premiers écrivains qui emploient le mot *jikan,* figure le célèbre Natsume Sôseki.

Puis cette terminologie a été importée du japonais en chinois au début du XXe siècle ; la première apparition de *shijian* (« temps ») daterait de l'année 1908, selon l'ancien dictionnaire bilingue *Yinghua dacidian* de Yan Huiqing.

au sein de notre Antiquité, la perception de celui-ci s'opérant à partir de deux instants ponctuels distincts limitant comme deux extrémités un laps de temps déterminé –, tel est l'« entre » (*metaxu*) le point de départ et le point d'arrivée du mouvement séparant l'« avant » et l'« après »[51]. C'est même à cet « intervalle » (*diastema*) que les Stoïciens recourent dans la définition du temps en le substituant à la définition aristotélicienne du « nombre » du mouvement, qui déjà l'impliquait ; Augustin dira également quand il en viendrait à douter de l'existence du temps : « Et cependant, Seigneur, nous avons conscience des intervalles du temps », *sentimus intervalla temporum*, nous les comparons entre eux, et, quand nous mesurons le temps, « c'est précisément l'intervalle qui sépare un commencement d'une fin que nous mesurons »[52].

Traduction révélatrice aussi en ce qu'elle laisse voir de façon indéniable ce qui, jusqu'alors, n'avait guère intéressé la pensée chinoise, mais sur quoi se trouve désormais attirée, et fixée, son attention. Car, si la Chine a pensé le « moment », quantitatif ou qualitatif, dans le sens de la durée ou de l'opportunité, elle ne s'était point attachée à concevoir l'*entre-moments* envisagé à partir des deux extrémités d'un déroulement dont ne sont pris en considération que le point de départ et le point d'arrivée – deux « immobilités », dirait Bergson, qui nous font rater le « mouvant ». A travers le « moment », la Chine a pensé la *transition*, celle-ci s'étendant en durée ; elle a conçu celle-ci sur le mode infinitif, d'où découle l'indélimitation du procès. Mais par là même elle n'était pas conduite à privilégier le point de vue de la « distension » entre deux points (*distentio*) par laquelle, avant même que de le concevoir, nous « sentons » le « temps », comme le dit Augustin, cette distension formant écart, celui notamment des temps conjugués, et assignant des extrémités, début et fin, comme *cadre* d'un déroulement. Le monde meurt tous les jours, le monde naît tous les jours, dit-on en Chine, il n'y a pas là de début ni de fin extrêmes entre lesquels comprendre le déroulement, celui-ci est une variation *de tout moment*. Ou encore, on dit communément, en chinois classique, non pas début et fin, mais « fin - début[r] ». On l'y dit, mais qu'est-ce à dire ? Au lieu de nous hâter de renverser l'ordre des termes pour remettre l'expression sur ses pieds, comme le font si souvent les traducteurs, laissons-nous déranger par elle ; commençons à faire place, pour le porter au jour, à ce que discrètement, en passant, elle laisse déjà entrevoir. Fin - début : toute fin, en elle-même, est un début, elle débute en même temps qu'elle achève – la transition est continue.

« Fin - début »

Dépasser la confrontation, retrouver l'expérience

6. Distension - transition : un écart, notionnel, enfin est posé ; une alternative apparaît qui, un parti éclairant l'autre, permettra de sonder le parti pris, enfoui, de la question du « temps » et, la sortant de son ornière, d'en remettre en mouvement la pensée : retrouvant prise, du dehors de son pli, de commencer tant soit peu à la faire « bouger ». Mais ces pensées une fois sorties de leur indifférence mutuelle, celle, native, de leurs contextes culturels respectifs, isolés : ces deux Antiquités, la chinoise et la nôtre, pourra-t-on s'en tenir, pour autant, à ce face-à-face ? En s'appuyant sur ce montage, s'en fier indéfiniment à la vertu du parallèle ? Car on perçoit bien, déjà, qu'on ne pourra continuer de penser par défaut : ni se contenter de sonder l'énigme du temps en le réfléchissant dans son absence au sein d'une autre pensée ; ni, non plus, espérer entrer dans cette autre pensée du cours en alignant à la suite des déterminations négatives : la « Chine » n'a pas pensé ceci, ni ceci, ni cela... L'enfilage est sans fin. Pour remettre en question la question du temps, espérer en déraciner l'évidence, elle dont la souche, on commence seulement de le voir, tient par tant de ramifications à notre sol mental, il en faut plus que d'opposer des conceptions ; la confrontation resterait exotique. Il en faut plus, ou plutôt il faut autre chose : que cette autre voie *possible* s'ouvrant à la pensée en se démarquant de la pensée du temps rejoigne en nous une intuition, ou du moins une préoccupation – qu'elle nous « parle » enfin, autrement qu'à travers les échafaudages successifs qu'érigent, pour la rejoindre, les approximations sans fin de la traduction ; il ne suffit pas d'en décrire à l'horizon la cohérence, il faut aussi qu'elle communique en débouchant, elle aussi, sur de l'« expérience ». Que la bifurcation théorique que l'on s'efforçait de reconstruire, en remontant dans le passé intellectuel de la Grèce et de la Chine, se dresse à nouveau devant nous comme un embranchement possible, dans notre propre paysage, au sein de notre propre langage, et s'offrant au désir de la pensée. C'est pourquoi j'en reviens à la « saison ».

Réentendre : être « de saison »

Le terme même, repris du passé de notre langue, nous met en chemin. Car sa perspective nous sort d'emblée du théorique, il n'a rien d'un concept, c'est un terme directement branché sur de l'activité. Il viendrait de l'accusatif de *satio* qui signifie « semailles » ; d'où saison des semailles et début de l'année agricole. Chaque saison est caractérisée par un climat, elle manifeste un certain état de la végétation, elle appelle à d'autres travaux. De là, le sens de conjoncture et d'occasion : « être de saison » pour être opportun ; « il est saison de », « donner saison » : le moment est favorable, laissons venir ; « hors de saison » : hors de propos, déplacé ; « à contre - saison » : opposé à la tendance dominante, aux mœurs du temps. La saison est l'époque propice à... : on parle de la saison pour visiter un pays, de la saison des vacances, de la saison des amours. « Assaisonner », en français ancien, signifiait cultiver dans la saison favorable et, par suite, faire mûrir et adapter.

Différence - ambiance - incitation

Ce que font ainsi entendre, de façon parfois désuète, ces locutions est la concordance qui s'établirait momentanément entre une conduite individuelle et ce qui, comme différence, vient à elle et, l'affectant, tend à l'orienter. Cela, non pas par conséquent selon un rapport neutre et désintéressé de connaissance, ni non plus sur le mode injonctif d'une intimation, mais sur celui discret, ambiant, d'un appel et d'une incitation. Celui-ci est d'autant plus difficile à saisir que rien, en lui, n'est directement assignable - identifiable : tel un « fluide », disons-nous le plus couramment, nous en tenant seulement à la valeur d'image et sans que notre savoir, scientifique, ait sur lui de prise objective et quantifiable ; c'est pourquoi il l'a relégué depuis fort longtemps dans une sorte d'occultisme familier et, par suite, nous a désappris de l'envisager. Or, c'est lui qu'il faudra réexposer au travail de la raison en le reprenant au pseudo-poétique où il a été cantonné. « De saison » : le monde invite ; « ce qui vient », disions-nous –, on aurait du mal à préciser ce *ce qui*. Désigner, même de façon globale, la situation, voire comme précédemment « le monde », est encore trop objectivant – trop clôturant. Car, en même temps qu'il est différentiel, cet accord est tendanciel, il est de l'ordre de la qualité et se déploie en un flux – in-flux – traversant, de part en part, les ordres et les genres, diffus, prégnant, envahissant –, commençons du moins par le dire ainsi pour désontologiser et désobjectiver la langue (la désubjectiviser aussi par conséquent). Sa capacité à *porter à* opère sur un mode phénoménal, il n'y a pas là, non plus, d'intention ; au contraire de l'événement qui *sur*-vient, attendu ou non, ce qui fait la « saison » est qu'elle *pro*vient d'une immanence, et la possibilité d'accord, comme accueil, dès l'abord s'y trouve impliquée.

Pour une phénoménologie de l'être saisonnier

Or, c'est ce caractère *phénoménal - immanent*, comme accord « naturel », qu'ont si bien su exprimer les Chinois, soucieux comme ils sont d'harmonie régulatrice, quand ils décrivent le pouvoir de mise en branle - mise en mouvement, infiltrant et disposant, qui est propre à la saison. Celui-ci traverse de part en part toutes les manifestations d'existence, se manifeste au ras de la vie[53] :

Quand l'énergie yang *[au printemps] s'épanouit,*
les fourmis se mettent en marche ;
et quand la gamme du yin *se congèle,*
la mante commence à faire ses provisions.
Insignifiants comme ils sont, ces insectes en sont affectés :
si profondément les existants sont mis en mouvement par les saisons !

La saison, on l'a vu, tisse un réseau d'affinités, elle fait communiquer les aspects les plus divers au sein d'une même qualité ; de là, la capacité de propagation de son influence – la vibration est continue. Or, n'ayant pas conçu l'homme d'un point de vue « psychologique », à partir d'un ensemble de facultés le prédisposant en sujet et, de ce fait, lui conférant d'emblée une initiative, les Chinois ont mis en valeur sa réceptivité radicale à la saison – *radicale*, parce que le prenant à la racine – à l'instar de tout le reste du vivant et dans son simple prolongement. La saison « affecte » et, perméable, l'homme réagit à l'unisson, aucune structuration interne n'y faisant obstacle et cette influence qui le traverse n'étant pas cantonnée à ce qui serait la « sensibilité » face à la raison. Aussi la « mise en mouvement », qui traverse la nature d'une façon si générale – et qui fait la « nature » –, se traduit-elle à son niveau, celui de l'intériorité, en *é*-motion ; et c'est celle-ci qui, relayant la mise en mouvement du monde et lui « répondant », met elle-même en mouvement une parole poétique qui soit authentique (ces passages sont extraits d'un traité de théorie littéraire du ve siècle). Notre « être au monde » est saisonnier, notre inspiration également ; c'est la saison qui nous « appelle », dit le poéticien, qui nous « incite ». Car, si c'est à travers la saison qu'on *est au* monde, cette appartenance phénoménologique s'étend à notre être pensant ; nous avons non seulement des sentiments, mais aussi des pensers de saison :

Mais quand, avec l'année qui se présente, prend son essor le printemps,
des dispositions à la joie se déploient ;
quand, luxuriant à l'infini, débute l'été,
des pensers profus se condensent ;
quand le ciel est haut et l'air limpide [comme en automne],
nos aspirations enfouies s'étendent au loin ;
quand la neige se répand à perte de vue,
nos réflexions sont graves et profondes.
L'année a ses manifestations d'existence
et celles-ci ont chacune leur aspect :
les dispositions intérieures évoluent de pair avec les manifestations au-dehors,
et les paroles poétiques se déploient de pair avec ces dispositions.

Etre de saison : être en phase

Les saisons, on le constate, sont autant de phases caractérisées ; l'« être de saison », par conséquent, est l'être *en phase* : épousant chaque fois la différence et répondant à son appel, il est toujours ouvert à son influx et s'harmonise qualitativement avec elle. Ici, le propos est purement descriptif mais, dans ce monde sans Révélation ni théologie, la sagesse ne sera elle-même que de le prolonger, sur un mode prescriptif, dans l'ordre de la conduite. A travers la saison, le sage se met au diapason du monde, ayant achevé de dissoudre en lui-même toute opacité et se rendant complètement accessible à l'incitation qui fait venir à la vie et la porte à se déployer. Selon les formules du *Zhuangzi,* l'homme « authentique » est « glacé comme l'automne et tiède comme le printemps » ; ses sentiments de joie comme de colère « communiquent » avec les quatre saisons ; et aussi, on peut lire : « font traverser » les saisons. « En tel accord avec les existants, est-il ajouté, que personne n'en connaît le bout »[54] : cet accord – ambiant, diffus – est inassignable, et c'est pourquoi il est insondable.

On constatera aussi, à ces lignes, que l'expression parallèle, dont on sait qu'elle est le mode privilégié de l'organisation de la pensée et du discours en Chine, ses termes à la fois s'opposant et se répondant, se prête au mieux à l'expression des saisons : en tant que phases, celles-ci sont autant de tableaux qui contrastent en même temps qu'ils s'enchaînent – qui *s'enchaînent en contrastant*. De même qu'Augustin pense le temps à partir des temps de la conjugaison et conçoit ceux-ci en fonction de la syntaxe des questions de lieu en latin, de même, en chinois, le cours des saisons se coule-t-il au mieux, alternant et variant, dans les effets du parallélisme et de la consécution. Car ceux-ci organisent le contraste en même temps que, d'une expression à la suivante, le vis-à-vis, se relayant, assure la continuité, le transvasement s'opère ; en même temps qu'il creuse la différence, et par ce fait même qu'il va la creusant, chaque terme appelle son autre, à la suite, pour le compenser.

« Printemps - automne »

Quand les saisons ne s'étalent plus en phases successives pour former un système de la variation répondant aux quatre directions, l'effet du parallélisme, se resserrant, aboutit au diptyque : printemps - automne, hiver - été. « Vent » printanier et « lune » d'automne, les « oiseaux » ou les « cigales »... A eux seuls, « printemps » et « automne » sont le binôme privilégié qui suffit à dire, en accord avec l'articulation bipolaire de la pensée chinoise, le cours de l'année. Pourquoi le printemps et l'automne ? Ils en disent à la fois le contraste (du « froid » au « chaud », et réciproquement) et le caractère de *passage* – l'un se renversant progressivement en l'autre – en assurant la continuité. Printemps - automne, et non pas hiver - été : plutôt que d'en dessiner les extrêmes (du froid ou du chaud : l'hiver / l'été), ce sont bien là les deux périodes, inverses, où s'accomplit la transition. « Printemps et automnes », rythmant l'année, ont servi ainsi de titre, en Chine, aux premières *Annales* conservées (*Chunqiu*).

Méthode : procéder de biais pour ouvrir une brèche dans la pensée du temps

7. Mais pourquoi repasser aussi minutieusement par ces formulations chinoises en craignant toujours de trop les forcer par un ordre que je leur imposerais du dehors tant elles offrent peu, en elles-mêmes, de structuration théorique ? Elles nous semblent, de plus, si peu inventives... Plutôt que de nous astreindre à suivre dans leur idiome ces cheminements formulaires, ne vaudrait-il donc pas mieux nous engager d'emblée sur la voie du concept et penser hardiment, à nouveaux frais, comme le font les vrais philosophes, en élaborant objets et outils ? Bien entendu, il le faudrait... Il m'apparaît néanmoins que, coincée comme elle est dans les partis pris de nos constructions théoriques, et notamment orientée qu'elle est dès l'abord par la perspective d'un Moi-sujet, notre langue, avant même notre pensée, n'est guère prédisposée à saisir ce phénomène trans-individuel, en même temps qu'infra-subjectif, de l'*être saisonnier*. A vrai dire, nous ne l'éprouvons plus guère nous-mêmes, dans le monde dit moderne, qu'à notre insu. C'est même peut-être en partie cela qui fait sa « modernité ». Il y a si longtemps, en effet, que tout le quadrillage érigé par notre raison a recouvert et enfoui, dans notre esprit, une telle possibilité. En ne rencontrant aucune de ses attentes constituées, en n'allant au-devant d'aucun questionnement qui l'émeut, cet être saisonnier peut-il mériter qu'on s'y arrête, et même nous dit-il encore quelque chose ? Faire place à..., disais-je précédemment. Si je me penche sur ces formulations chinoises et les recueille le plus délicatement qu'il m'est possible comme un amateur de papillons abattant son filet, si je les suis ensuite patiemment dans leur cohérence et laisse jouer le plus longtemps leur propre façon d'articuler, c'est pour commencer à défaire notre discours, à travers elles et chemin faisant, de ce qui s'y trouve pré-notionné, et même pré-questionné, et qui, par ses effets d'adhérence, tissant le fond de notre pensée, fait barrage *à notre insu*, répétons-le, à d'autres intelligibilités. Comme il faut de refonte, qui ne peut être que progres-

Trans-individuel, infra-subjectif

Pré-notionné, pré-questionné

sive, et d'abord dans la langue, pour commencer de déplier notre pensée*...

Réticences idéologiques

A vrai dire, je crois que cette réticence que nous rencontrons en nous à penser l'être saisonnier, si tant est que nous y songions, n'est pas seulement philosophique ; elle est aussi – d'abord – idéologique et naît d'une prévention que fortifie la Raison. Car il va de soi que, dans le monde post-industriel, essentiellement urbain, qui est le nôtre aujourd'hui, nous croyons avoir rompu à bon droit avec l'ordre des saisons, tant tout nous apprend, par la maîtrise que nous avons acquise sur la nature, selon l'expression consacrée, à demeurer indifférents à lui. Aussi bien en réduisant ce qu'il introduit d'empêchement qu'en négligeant ce qu'il induit d'occasion. Nous avons désormais les mêmes activités et voyageons « par tous les temps » ; nous mangeons des fraises en hiver et nous y faisons bronzer sous des néons, bref, nous menons de plus en plus la même existence en toute saison... Inventée en vue de mieux assurer notre autonomie vis-à-vis de l'environnement rencontré, en effet, et par là accroissant notre initiative de Moi-sujet, la technique s'est vue du même coup chargée d'aplanir toutes ces différences, jugées de plus en plus anecdotiques, et d'aménager le déroulement de l'existence en un cours qui soit continûment égal ; il est clair que, de ce fait, elle a favorisé, à son tour et de plus en plus, une conception homogène - abstraite, purement quantitative, de ce cours que nous nommons le temps. Dès lors, évoquer une « incitation » qui soit « de

La raison technicienne a réduit la saison

* Nous sommes si loin désormais des rythmes agricoles des anciens Chinois, me rétorque-t-on. Citadine, notre civilisation est devenue abstraite ; et c'est pourquoi elle épouse si bien l'abstraction du temps. Je m'étonne. Est-ce vrai ? Paris, au mois de mai : les tables de cafés dehors soudain se repeuplent, le corps de la femme commence à se découvrir et se montrer, quelque chose comme de la séduction passe, quelque chose se détend qui passe au travers des visages, infléchit les allures... Sommes-nous à ce point fermés au moment saisonnier ? Ou peut-être est-ce parce que la notion nous en manque, que cette invitation momentanée du monde, nous ne l'analysons pas – et même nous ne la percevons pas.

saison » et, par là, revenir en amont de ce qui, notamment grâce à cette maîtrise acquise sur la nature, nous constitue en sujets libres et responsables, donc envisager l'existence autrement que selon sa signification métaphysique et dans les termes de la morale, ne peut que paraître des plus troubles, voire est franchement réactionnaire. Et, dans les termes notionnels qui sont les nôtres aujourd'hui, je reconnais que cela l'est effectivement (Heidegger contre la pensée des Lumières ?, etc.). Quel rebranchement douteux, en effet, avec ce sur quoi la raison a heureusement établi son empire et dont elle nous a quasiment – à quelques tempêtes près – libérés ? Aussi y a-t-il bien, me paraît-il – pour faire barrage à ce qui ne peut apparaître sinon, dans notre perspective établie, qu'un dévoiement –, une accommodation et même une transformation notionnelle à opérer, un déplacement théorique à produire, bref, une intelligence à ouvrir. Et d'abord à retravailler, en les confrontant à d'autres possibilités, développées dans d'autres cultures ou laissées enfouies dans nos formulations les plus ordinaires, infra-théoriques, ces catégories dont nous voyons que la question du temps les concerne au premier chef, voire a contribué à les modeler, telles celles de l'« existence » – à distinguer de la vie, l'écart sera à creuser – et du sujet*.

Réactionnaire ?

* Les saisons ne nous disent plus rien, la cause paraît entendue, mais quelle inquiétude soudain surgit quand nous disons aujourd'hui par doléance, comme nous le disons couramment – et même peut-être l'a-t-on toujours dit ? : « il n'y a plus de saison !... » Quelle déficience soudain paraît qui tient à ce que la « vie » – par différence avec l'« existence » conçue sur un plan de généralité, celle de l'essence, et d'un point de vue métaphysique – est, elle, intrinsèquement variante et *rythmée* ?

D'autre part, de ce que l'influence de la saison perdure au sein de la civilisation moderne, je citerai en exemple le Japon. Celui-ci demeure étonnamment attaché aux saisons : les « feuilles rouges » qu'on va rituellement contempler à l'automne, ou les sakuras en mai, dans les parcs, sous lesquels les citadins vont boire ; quand on balaie les feuilles ou les pétales, ... – même les gâteaux sont de saison. Ces motifs qui renvoient aux recueils poétiques les plus anciens et nous paraissent des clichés, tant ils s'avouent codifiés, ne le sont plus dès lors qu'on est entré dans la vie japonaise.

Rythme, saisons, vitalité

8. « Au rythme des saisons », disons-nous aussi. Cette expression dont nous n'attendons rien, à laquelle nous ne prêtons même guère attention, coulée qu'elle est dans l'usage, il faudrait s'arrêter pour l'entendre : sous sa banalité, en dépit de son usure, une révélation discrètement attend. Pour entrer dans cette autre pensée du cours – pour sortir de la question du temps, il suffirait de l'entendre radicalement : les saisons *scandent*, en effet, et par là elles animent ; ce sont elles qui, en se relayant, transmettent la vitalité. « Animation », « vitalité »,... Même si ces termes, je le concède, sont pour le moins érodés, et qu'on ne les conçoit guère construisant la pensée – ils n'ont pas de statut philosophique –, je ne vois pas néanmoins comment s'en passer si l'on veut déployer ce que la notion de « rythme » disait bien d'elle-même, dans son étymologie, comme la scansion d'un « écoulement » : en y introduisant le contraste, le rythme active celui-ci et, d'égal et de plat, il le rend intense ; de morne, il le rend vif et porté à se renouveler.

Or ainsi, dans leur alternance, font les saisons : l'une se renouvelle en l'autre, elle appelle sa différence pour échapper à son épuisement. Plutôt donc que de laisser enfermer leur pensée du cours, sous l'égide de saisons s'enchaînant sans cesse, dans la vision rigide d'un retour cyclique – quitte à avoir aussi pensé cette logique de la substitution, notamment pour le cours de l'histoire et la succession dynastique (cf. le cycle des « cinq agents ») –, les Chinois, on l'a vu, ont surtout été sensibles au renouvellement continu du monde à travers la variation saisonnière. Qu'on délaisse un instant, en effet, le point de vue onto-théologique qui, par un arrachement héroïque de l'esprit, et surplombant désormais l'existence, pour y projeter du « sens » à partir de sa vérité, nous a définitivement coupés de tout « naturalisme » – j'en passe d'abord par ce terme quitte à devoir, lui aussi, le retravailler –, ce naturalisme qu'a déployé de son côté la pensée chinoise dans ses propres élaborations et que, chez nous, a continué de nous faire entendre par compensation, quand elle n'était pas seulement de convention, la poésie ; autrement dit, qu'on suspende un instant cette « construction » métaphysique éclairante, relayée par ses avatars modernes, après l'Etre ou Dieu, que nous avons érigée, en Europe, pour mieux fonder ce qui vient à nous à ras d'expérience –, cela dit, ou plutôt « lâché » le plus brièvement possible, grossièrement, car c'est là bien sûr ce qu'il faudra ne cesser de reprendre pour le penser : en s'enchaînant sans fin par alternance, ce sont les saisons qui manifestent d'elles-mêmes, et cela *à travers elles*, la cohérence propre au procès du monde et de la vie qui, parce qu'il est régulé, ne peut s'épuiser. On se souvient de Confucius confiant un jour à ses disciples : « J'aimerais ne pas parler », puis, répondant à leur objection, frustrés qu'ils sont de ne pas avoir d'enseignement à transmettre : « Le Ciel parle-t-il ? Les quatre saisons suivent leur cours, les cent existants prospèrent : quel besoin le Ciel aurait-il de parler[55] ? » Il n'est pas besoin de « révélation » de la part du Ciel, ni non plus de leçon de la part du Sage, dit en substance Confucius à ses disciples ; les saisons suffisent à laisser voir, *implicitement*, en ne cessant d'engendrer – sans « annonce » ni prédication – le fonds d'immanence d'où vient la vie.

Déconstruire

Sens vital de la saison : il suffit à révéler

A quoi répond, sur le versant taoïste de la pensée chinoise, le *Zhuangzi* :

L'immanence *via* la saison

Le Ciel et la Terre ont leur grande beauté, mais n'en parlent pas ;
les quatre saisons ont leur ordre lumineux, mais n'en discutent pas ;
les dix mille êtres ont leur structure propre, mais ne la formulent pas[56].

Il n'y a pas là de sens - message à ajouter : la cohérence demeure implicite et l'immanence se passe de commentaire ; c'est même là la façon – la seule ? – de définir l'immanence : ce qui se passe de commentaire – ce qui se passe sans commentaire – ce sur quoi du commentaire ne serait toujours qu'*ajouté*, plaqué, ne saurait accrocher. Restent des chiffres, croissant, formant repère. Entre le « deux » qui dit l'interaction propre à la polarité (celle des deux énergies cosmiques, *yin* et *yang*, Ciel et Terre) et le nombre de l'innombrable (les « cent » ou les « dix mille » êtres), le *quatre* des « quatre saisons » est le nombre qui déplie la dualité originaire et l'organise en déroulement successif, scandé, *rythmé*, organiquement renouvelé ; ce quatre est le nombre, médian et médiateur, qui relie la relation féconde, au départ de tout réel, et la prolifération à l'infini des manifestations de la vie ; par leur alternance régulée, enchâssées comme elles sont en ce quatre, en même temps qu'elles se déploient en lui, les saisons suffisent à révéler – au sens fort : celui de la Révélation – la cohérence interne qui préside à la variation continue du monde. Cette cohérence, en effet, en même temps qu'elles la déploient, elles la rendent qualitativement sensible, elles nous en pénètrent en nous affectant, en nous infiltrant, d'où vient en retour la capacité de « pénétration » de notre esprit réagissant et se découvrant d'emblée en connivence avec les choses (« sensibilité » / « entendement » : nous savons déjà qu'il n'y a pas là coupure) ; du « monde », dès lors, elles n'en sont pas qu'un décor, mais elles-mêmes en constituent le cours – or, ne cessent de rappeler les Chinois, le monde lui-même n'est qu'*en cours*.

Jonction (répugnant à la philosophie) : entre le « temps qu'il fait » et le « temps qui passe »

Y aurait-il donc quelque chose à faire, en fin de compte, de ce sur quoi nous fait tomber inopinément la langue ? Du moins en français : le « temps », *tempus* (dont le sens premier, cf. *tepor,* serait, dit-on, température et chaleur ?) –, le « temps » disant à la fois le cours de la durée, l'écoulement sans fin des mois et des années, *et aussi* l'état de l'atmosphère à un moment donné, considéré principalement dans son influence sur la vie et l'activité des hommes. Y aurait-il donc quelque rapport possible entre ce qui se « découpe » en saisons (cf. *temno* : couper) et ce qui se découpe en heures, en jours et en années ? Entre le « qualitatif » et le « quantitatif » – entre le temps qui passe et le temps qu'il fait, *Zeit* et *Wetter* (*Time / Weather*) ? La philosophie, quant à elle, ne paraît pas s'en être inquiétée ; la « question du temps », quant à elle, n'y laisse voir aucune parenté : seul le temps comme intervalle, le temps mesure et cadre des événements, est jugé digne de considération ; l'autre, laissé de côté, ne sera un objet de préoccupation que pour les paysans...

Consistance notionnelle de la *saison*

Or, l'idée de « saison », dans son creuset, rencontre également les deux ; elle les confond – les absorbe – en une même immanence. L'idée d'un changement continuel habitant également les deux : le temps qu'il fait au travers des saisons s'enchaînant par alternance manifeste – ou mieux : révèle – la logique inhérente au cours du monde tel que, passant toujours, il ne cessera de s'écouler et de durer. Ce sont les deux mêmes énergies (*yin / yang*) qui s'y déploieraient. — Mais quoi de plus régulier que le temps-qui-passe, et quoi de plus variable que le temps-qu'il-fait ? La régularité de l'un le prédestinait à être un objet de pensée, tandis que le caractère toujours changeant de l'autre le vouerait à l'inconsistance... Certes, reconnaissent volontiers les « physiciens » de la Chine ancienne, il peut arriver qu'il y ait de belles journées de soleil en hiver comme des giboulées en été... Il y a là plus ou moins exception, mais non pas inconséquence ; cet extraordinaire ne remet pas en question la tendance dominante qui, d'une saison à l'autre, conduira l'évolution. Il est au contraire le restant d'aléa, plus sensible au quotidien mais déjà globalement réduit à l'échelle de la saison – et c'est pourquoi celle-ci est bien le cadre notionnel pertinent –, qui permet au procès du monde de se renouveler sans avoir à se répéter. La saison, en définitive, est exactement cela, et c'est cela qui la rend cruciale : elle intègre globalement, par sa découpe, la variabilité inexpugnable, voire imprévisible, du « temps qu'il fait » dans la logique (par alternance) permettant la continuité du « temps qui passe ». Aussi, à travers la saison, ce cours est-il non point régulier mais *régulé** ; et c'est la « constance » de sa régulation, à distinguer de l'« éternel » et telle qu'elle est assurée par la saison au travers de sa variation vitale, qui assure elle-même le *sans fin* de la durée.

* Autrement dit, le régulé est le vital, et la médecine chinoise traite de la santé et de la maladie en termes de régulation - dérégulation. C'est pourquoi elle porte une attention particulière au rythme saisonnier pour assurer la guérison du corps et son hygiène : les souffles-énergies (*qi*) qui vitalisent celui-ci sont, en effet, mobilisés au rythme des saisons et de l'alternance du jour et de la nuit, du *yin* et du *yang*, comme le sont ceux de l'« entre Ciel et Terre » dont notre être est solidaire.

III — DISTENSION - TRANSITION

Cours du monde, cours du temps

Notion de procès (le « Ciel » des Chinois)

1. Prévenons d'emblée une confusion : ce que précédemment, à propos de la Chine, j'ai commencé d'appeler le cours du monde n'est pas le cours du monde au sens astronomique, même si les Chinois, on le sait, y ont très tôt prêté attention – le mouvement alternant des astres, les révolutions du ciel avec, en arrière-plan, la Grande année : tous mouvements à la périodicité exemplaire, éminemment réguliers, et dont Aristote, finalement, a détaché l'idée de temps. Ce qu'il est ici convenu d'appeler le cours du monde désigne le procès du réel considéré dans son ensemble et qui, parce qu'il est régulé, ne cesse de se renouveler : le monde entier est en cours, le monde entier *est cours*, tout le « réel » n'étant fait que de processus particuliers, à plus ou moins vaste échelle, chacun évoluant selon son rythme propre et coopérant, à partir du stade du plus infime, à cette communauté du « Ciel » ou du Procès. « Monde » ou « nature » – mais l'histoire aussi en fait partie. C'est pourquoi notamment, on se souvient de l'objection, les Chinois ont pu concevoir la simultanéité des événements sans avoir, pour autant, à penser le « temps » : des périodes, en particulier dynastiques, pouvant très bien se dérouler parallèlement les unes aux autres au sein de cette globalité, le « Ciel » n'étant lui-même rien d'autre, dans son « être constitutif » propre, que tous ces « fonctionnements » divers [57(s)]. Nul besoin, par conséquent, d'un cadre commun, qui s'appellerait le « temps », et dans lequel tous ces procès se déploieraient. Plus précisément, ce que les Chinois n'ont cessé de penser, selon un même régime, sans avoir dès lors à distinguer entre le cosmologique et le moral, ou la nature et l'histoire, est « ce par quoi[t] » tout procès est en procès : cette capacité propre à du réel, tant qu'il est régulé, de venir continuellement à la vie et de durer ; ce qu'ils n'ont cessé patiemment d'élucider, autrement dit, est, non le « temps », mais la *processivité*.

Cela ainsi dit, rien n'est encore dit. Je veux dire : rien n'est encore dit (côté chinois) qui nous fasse véritablement entrer dans cette *possibilité* de ne pas avoir dû penser le « temps », celle-ci ne nous parle pas encore. On en est resté à ce que j'appellerai le « sinologique - abstrait » ; autre chose serait de voir s'opérer, progressivement et de l'intérieur, une reconfiguration globale de nos représentations telle qu'elle conduise d'elle-même jusqu'au bord du basculement ouvrant cette éventualité de se passer de notre pensée. Certes, je vois bien comment mon « être constitutif » (mon *ti*) est constitué d'une multitude innombrable de processus formant ensemble le procès de ma vie ; et comment, derechef, ce procès particulier est partie prenante des innombrables processus formant ce qu'on appellera globalement le procès du monde (le *dao* ou la « voie »). Mais comment cela suffirait-il à dissoudre, à retirer – et cela jusqu'à l'effacer – la nécessité, pour nous indéracinable, d'*avoir à* penser le temps ?

Le concept de temps est redisposé à chaque nouvelle grande philosophie

De l'autre « côté », est-ce vraiment le « temps » que l'Occident a pensé ? Car, à reconsidérer l'histoire de la philosophie sous l'angle de la question du temps, il apparaît, me semble-t-il, que nous avons moins pensé le temps en lui-même, en vue d'en identifier la nature, que pour servir d'entrée et de support à des objets philosophiques qui ne font que le traverser en même temps qu'ils ne se rencontrent guère entre eux ; parce qu'il est sans consistance imposée, que son abord est le plus divers, son concept se prête d'autant plus commodément à des projets théoriques qui sont chaque fois nouveaux. Tantôt pensé à la suite de l'espace et parallèlement à lui (d'Aristote à

Kant), il est aussi bien pensé indépendamment de lui (Augustin), voire à son encontre (Bergson) ; tantôt convoqué pour penser le mouvement (Aristote) et tantôt pour penser son envers – l'Un, l'Intelligible, Dieu (Plotin, Augustin). Kant pense le temps pour établir la possibilité des jugements synthétiques a priori reposant sur cette intuition préalable à toute expérience qu'est la forme de notre sensibilité et, à partir de là, l'objectivité possible des phénomènes et de la science ; Husserl pense le temps pour accéder, à travers l'unité d'intention, à l'« intentionnalité » qui constitue le temps et, par suite, à la subjectivité absolue de la conscience. Tour à tour et par reconfiguration successive, le « temps » sert à d'autres usages : le temps est aussi bien ce qui donne accès à l'« intuition » comme vision directe de l'esprit par l'esprit (celle de la « durée pure » : Bergson), ou ce qui donne accès à l'« être » (comme « horizon transcendantal » à partir de l'interprétation du *Dasein* : Heidegger), etc. « Penser » le temps n'a donc certainement pas le même sens que quand nous disons ordinairement « penser » car, même si la philosophie ne cesse d'avoir à présupposer une certaine essence du temps, le « temps », au lieu de se laisser constituer en objet propre, est plutôt ce qui rend chaque fois possible, et libère, une nouvelle initiative de la philosophie. Quitte à ce que celle-ci, formant aussitôt pli, ne referme bientôt en ornière cette disponibilité. Plutôt donc que de donner lieu à une histoire – on ne peut guère écrire que des histoires (culturelles) de la représentation du temps – le *concept* de temps est ce par quoi se rouvre, et se reconfigure, à chaque grande philosophie, la possibilité même de la philosophie : ce qui fait qu'il est à ce point crucial en même temps que, d'une philosophie à l'autre, il ne se trouve pas tant enrichi, voire transformé, que radicalement réorienté – ou, plus exactement, *redisposé* ; et que ces embranchements successivement ouverts, plutôt que d'appeler à être poursuivis, ne peuvent être ensuite qu'inlassablement réempruntés.

Changement ou mouvement

Un trait commun, néanmoins, se retrouve inquestionné à travers toutes ces élaborations successives du concept de temps et me paraît constituer un fait étrange méritant qu'on s'en étonne : l'association, poussée jusqu'à l'assimilation, entre « changement » et « mouvement ». Et même je m'étonne qu'on ne s'en étonne pas davantage. Comme si le mouvement n'était que le cas particulier donnant à voir, de façon privilégiée, ce qu'est le changement en général ; ou que celui-ci ne se donne à penser – et cela déjà à l'intérieur de leur notion commune, en grec, de *métabolé* – que comme l'emploi « figuré » de celui-là. D'une façon générale, quand les deux notions répondent à deux termes différents (en grec : *kinesis / metabolé*), ceux-ci sont présentés d'emblée comme synonymes.

Bergson, à cet égard, ne s'écarte pas d'Aristote

« Puisque la nature est principe de mouvement et de changement... », lit-on au début du livre III de la *Physique* ; seul le mouvement, ensuite, est défini. Ce qui est redit à propos du temps : « puisque le temps paraît surtout être un mouvement et un changement... »[58] ; « pour le moment », nous n'avons « aucune différence à faire entre eux ». A y regarder de plus près, cependant, on voit qu'Aristote glisse de l'un à l'autre terme en fonction de la question abordée :

1.– la conscience du temps se prend en rapport au changement : « Maintenant le temps n'existe pourtant pas sans le changement ; en effet, quand nous ne subissons pas de changements dans notre pensée, ou que nous ne les apercevons pas, il ne nous semble pas qu'il se soit passé du temps... » ;

2.– la nature du temps s'analyse en rapport au mouvement : « Mais puisque nous cherchons l'essence du temps, il faut saisir, en partant de cette première analyse, quel élément du mouvement est le temps... » ; c'est à partir de la trajectoire d'un mobile, en effet, que se voit, et se mesure, le temps. En somme, je me rends compte du temps à partir du changement, mais je conçois sa nature à partir du mouvement. Aristote n'aura plus, dès lors, qu'à réintégrer l'un dans l'autre – le genre est le changement et l'espèce le mouvement[59] –, ce sera toujours à partir de cette assimilation : changement - mouvement qu'est, en définitive, pensé le temps ; les deux termes, à propos du temps, ne cesseront d'être tenus pour équivalents. Kant : « J'ajoute ici que le concept du changement et avec lui le concept du mouvement (comme changement de lieu) ne sont possibles que par et dans la représentation du temps »[60]. Bergson lui-même, pourtant si sensible à la dénaturation du temps par projection sur l'espace, maintiendra comme allant de soi le parallélisme des deux : « J'ai parlé du mouvement mais j'en dirai autant de n'importe quel changement... » ; « nous ne savons presque jamais si nous avons affaire à un changement unique ou à un composé de plusieurs mouvements », etc.[61].

Le changement, à l'instar du mouvement, est pensé entre début et fin

On n'a aucun mal à comprendre pourquoi mouvement et changement ont été conçus analogiquement l'un à l'autre. Tous deux sont envisagés comme allant d'un terme à un autre terme, entre un point de départ et un point d'arrivée : le mobile part d'ici pour arriver là, le changement s'opère à partir de cet état-ci pour aboutir à cet état-là. « Tout changement (*métabolé*) va *d'*un quelque chose *vers* (à destination d') un quelque chose », « le mot lui-même le montre », nous dit Aristote[62] (*ek tinos - eis ti*) ; et, de fait, ce sont bien ces constructions syntaxiques, les plus usuelles, à base de cas et de prépositions, plus que des notions particulières patiemment élaborées – on le mesure encore mieux à partir du chinois qui ne les possède pas – qui ont fait l'originalité et la fécondité de la pensée grecque (de la « nôtre » aussi). Car je ne vois plus, pour ma part, comment on pourrait encore éviter la question, et c'est même elle qui me paraît décisive : tout changement se conçoit-il nécessairement, à l'instar du mouvement, *entre* un point de départ et un point d'arrivée, un avant et un après séparés, et donc selon cette logique de *distension* dont nous avons vu qu'elle va de pair avec la pensée du temps ? Autrement dit, un changement ne saurait-il se comprendre comme *en cours*, dans une parfaite continuité, sans que ce soient un début et une fin qui, en tant qu'extrémités, servent à le déterminer : selon une logique qui soit, j'y reviens, non plus celle, temporelle, de la *distension*, mais celle, processive, de la *transition* ?

Contre-exemple : *vieillir*

Passe encore pour mûrir – il y aurait là aboutissement. Mais grandir, par exemple, mais vieillir. Vieillir surtout est instructif à cet égard, commençons par le penser : on ne vieillit pas *entre* un point de départ et un point d'arrivée ; vieillir est de l'ordre de la transition, et non de la traversée. Car vieillir ne prend pas simplement la suite de grandir, on a commencé de vieillir bien avant que d'être adulte – ou sait-on, à vrai dire, *quand* vieillir a commencé ? Vieillir a toujours déjà commencé ; on a toujours déjà commencé de se défaire - de se raidir - de s'user. Il n'y a pas là d'*ek tinos - eis ti* : il n'y a pas plus d'à partir, datable, du vieillissement qu'il n'y a, d'assignable, de quelconque aboutissement, il n'est pas de terme au vieillir, il est sans « forme » et sans « fin » (ni *eidos* ni *telos* ; la mort seule fait hiatus, mais la décomposition continue). Vieillir n'est donc pas passer *de* la jeunesse *à* la vieillesse comme on passe du chaud au froid, ou du noir au blanc, comme le voudrait Aristote, dont ce sont là les exemples rangés à la suite et posés comme équivalents, comme s'il s'agissait là d'autant d'états donnés, cernés et qualifiés. S'agissant de vieillir, il n'y a même pas là deux *états* distincts qu'on puisse opposer entre eux, ou seulement rapporter l'un à l'autre. Vieillir est si global et si continu qu'on ne s'aperçoit pas de ce qu'on devient ; ou ce « ce », servant d'assise objective au sujet, étant encore trop stabilisant : qu'on ne s'aperçoit pas qu'on « devient ».

2. Que l'écart *entre* instants, mesurant le temps, rende méconnaissable la continuité du passage, autrement dit, que la distension temporelle vienne recouvrir la transition processive s'opérant à tout moment et la rende inaccessible à la pensée, on le constate de façon criante au départ de la philosophie.

Le grand mérite de Platon, ou, du moins, le service qu'il rend encore, est d'avoir clairement désigné ce qui lui résiste, qu'il prend la peine de reconnaître, quitte ensuite à le faire sauter, pour l'évacuer, au prix de n'importe quel coup de force ; et, de fait, la troisième hypothèse du *Parménide*[63] avait fait droit à la question : comment penser le passage, du « non-être » à l'« être » et inversement, ou de l'« immobilité » à la « mobilité » et inversement ? Mais Platon ne peut penser la transition du changement puisque, selon la théorie de la participation qui est la sienne, une telle transition impliquerait de pouvoir « participer » en même temps à l'un et à l'autre (à l'être et au non-être, à la mobilité et à l'immobilité, etc.), ce qui d'emblée est posé comme illogique : la transition ne serait qu'une contradiction dans les termes. Force sera donc d'introduire un écart et de distinguer *deux* temps ; retour est fait à la distension, qui seule permet la disjonction : « Autre donc est le temps où il participe, autre celui où il ne participe point ; c'est là, pour lui, la seule façon possible d'avoir et n'avoir point participation à une même réalité ». Mais alors comment penser le passage *entre* les deux ? Platon ne peut le faire qu'en inventant un instant qui ne soit ni d'un temps ni de l'autre, et soit donc logiquement « hors du temps » : « Quand donc change-t-il ? Ce n'est, en effet, point quand il est immobile ou quand il est mû qu'il change ; et ce n'est point, non plus, quand il est dans le temps ». Il ne le peut donc que sur le mode d'un « soudain » jaillissant « hors » du temps (*exaiphnes*) et faisant ostensiblement trou dans la continuité du changement : ce soudain « étrange », reconnaît Platon, s'intercalant entre l'un et l'autre temps, n'est littéralement « nulle part » (*atopos*) puisque, comme l'entend la logique grecque du changement, il devrait être à la fois point d'arrivée de l'un *et* de départ de l'autre, alors que ceux-ci sont jugés d'emblée incompatibles.

Platon ne peut penser le passage que comme un « soudain » hors du temps

D'évidence, ce qui retient Platon de penser la transition est le principe de contradiction : il s'est laissé enfermer dans une logique de l'exclusion réciproque alors que la transition implique de penser l'*à la fois*, ou comment l'un est déjà l'autre. Il ne lui restait plus, dès lors, qu'à penser ce qui, dans le suspens disjoignant du « soudain », ne serait plus ni l'un ni l'autre. Ni mobile ni immobile, ni être ni non-être. Sinon il faudrait, pour sortir de l'impasse, hisser ces opposés hors de leur incompatibilité et réussir à les faire communiquer entre eux. Soit en dialectisant le rapport du même et de l'autre, soit en tournant l'un vers

Sortir du principe de contradiction pour penser la transition l'autre la « puissance » et l'« acte » —, Aristote met au point les deux machines.

Entre le même et l'autre

D'une part, en effet, pour sortir de l'aporie de l'instant selon laquelle celui-ci ne saurait être ni toujours le même ni chaque fois différent, Aristote établit logiquement la compossibilité des deux : l'instant comme substrat - sujet, toujours divisant, est spécifiquement identique (comme rapport d'avant - après) ; mais, en tant qu'aspect changeant du flux qui l'entraîne, il est toujours, de ce point de vue (quant à l'« essence »), numériquement différent (comme nombre de cet avant - après). Autrement dit, les réalités qui sont successivement maintenant sont différentes numériquement, mais leur « être maintenant » est spécifiquement le même (D. Ross) : se trouvent ainsi assurées, dans cette structure de l'instant, la divisibilité et la continuité du temps, et donc aussi mise en lumière la nature, originellement « obscure », qui le caractérisait[64]. Mais cette nature double de l'instant ne concerne que lui-même, l'instant n'étant qu'un « transporté », comparable au mobile, et le temps le nombre de ce transport ; elle n'éclaire donc en rien la transition du changement s'opérant au sein des choses : on n'en voit pas plus comment la réalité même, en changeant, peut passer du « même » à l'« autre » – à la fois se modifier et continuer, persévérer dans son être et s'altérer.

Entre la puissance et l'acte

A quoi serviraient, d'autre part, les catégories de puissance et d'acte : le « mouvement » (*kinesis*) est l'actualisation progressive de ce qui se trouve « en puissance » et son passage à l'acte. Aussi bien l'altération pour ce qui est altérable, que génération et corruption pour ce qui est corruptible ou générable, ou qu'augmentation et diminution pour ce qui est augmentable ou diminuable et, enfin, le transport, comme mouvement local, pour ce qui est transportable ; rentrent dans cette catégorie aussi bien la construction d'une maison que l'apprentissage, la guérison ou le vieillissement. « Mouvement », selon la traduction d'usage, est dès lors trop étroit pour le dire, même si le transport local reste premier parmi toutes les sortes de *kinesis*, mouvement - changement, aussi bien logiquement que chronologiquement et ontologiquement (cf. *Phys.*, VIII) ; et Sarah Waterlow n'hésite pas à rendre la notion par « procès », puisque ce que celle-ci prend en considération, dans le changement de A en B, est, non pas l'émergence de B, comme événement, mais bien la totalité du déroulement y conduisant[65].

Jusqu'où Aristote conçoit-il le processus sous le « mouvement » (*kinesis*) ?

Pourtant, je vois au moins quatre raisons, qu'éclairera la pensée chinoise, pour ne pas concevoir cette notion grecque du mouvement - changement selon la catégorie du procès. 1- L'évolution en cause est toujours conçue, côté grec, nous l'avons vu, comme allant d'un point de départ à un point d'arrivée (*ek tinos - eis ti*) qui, comme tels, en sont les termes constitutifs ; alors que le propre du procès est d'être en cours, *i.e.* en transition continue, et que, n'étant déterminé par aucun terme, il est non pas orienté mais régulé, c'est-à-dire régi par sa constante adaptation, tant qu'il dure, au travers de ses mutations. 2- Le terme final surtout est déterminant, côté grec, puisque ce terme est aussi la fin (*telos*) que constitue une essence immobile (*eidos*) faisant aboutir à sa forme l'évolution engagée - dont auparavant le sujet était privé (dans son actualité, l'« entéléchie » est l'essence parfaite elle-même) ; or un processus, en lui-même, n'aboutit à rien, n'est conduit par aucune forme - fin, il est toujours transitoire et n'évolue vers rien d'autre que sa propre continuation, fonction de sa régulation. 3- Cette pensée aristotélicienne de la transformation reste prise dans un rapport actif / passif, agent / patient, « moteur » et « mobile » (*kinetikon - kineton*) : « Or c'est toujours quand sont ensemble l'actif et le passif que ce qui est en puissance passe à l'acte » et « le moteur toujours apportera la forme »[66], substance particulière ou qualité ou quantité, laquelle sera principe et cause de l'évolution ; alors que le processus se conçoit selon une interaction de facteurs en corrélation, s'influençant réciproquement, et non selon une causalité univoque. 4- Enfin, toute cette pensée grecque de la transformation reste dominée par la catégorie d'un « gisant sous » (*hupokeimenon*), substrat - sujet de l'évolution et demeurant substantiellement le même en évoluant d'un terme à son opposé ; tandis qu'on ne pourra entrer dans une pensée des processus que si l'on se défait de cette permanence d'un substrat - sujet, qu'on renonce à voir, « sous » le changement, un support du changement, et qu'on ne tient plus les états opposés du changement pour de simples prédicats.

Difficulté grecque à penser la nature *indistincte* de la transition

On peut s'attendre à ce que la difficulté grecque à penser le procès se retrouve à propos de la transition : si, chez Platon, l'intervalle du changement, ne trouvant aucun statut logique, ne peut être rempli que par un « soudain » jaillissant hors du temps, de même Aristote ne peut-il non plus penser l'« entre » (*metaxu*) les deux termes opposés de l'évolution autrement que comme constituant lui-même un terme (d'arrivée et de départ) opposé à chacun d'eux[67] ; cet intermédiaire est encore un contraire qui, comme tel, est déterminé lui aussi par une Forme - fin : ainsi la note médiane est-elle grave par rapport à la haute et aiguë par rapport à la basse, le gris est-il noir par rapport au blanc et blanc par rapport au noir. Or, c'est la conception du temps déterminé comme intervalle entre deux points séparés, avant - après, à la fin du livre IV de la *Physique*, qui a conduit précisément Aristote, à la suite, au début du livre V, à penser ainsi le changement comme s'opérant d'un point de départ à un point d'aboutissement, sans plus considérer la continuité de la transition. Aussi, au lieu d'envisager la note médiane ou la couleur grise sur le mode d'un passage progressif, doit-il les voir elles-mêmes comme des états extrêmes, délimitant par elles-mêmes et relayant les extrêmes, et donc, par leur écart, reproduisant à leur tour la *distension*. D'une façon générale, Aristote répugne à penser l'intermédiaire autrement que comme un terme moyen, donc « terme » également, parce que son esprit grec s'effrayerait devant ce qui deviendrait alors une indistinction de la Forme ; il s'arrête ainsi, le renvoyant comme une hypothèse absurde, et son texte en devient obscur – c'est là que sa pensée bute – devant ce qui serait à la fois en train de s'engendrer et « déjà engendré » « sans pourtant l'être encore »[68]... Or, telle est bien exactement la nature *indistincte* de la transition. Mais, de même qu'on « irait à l'infini » s'il y avait « changement de changement », dit Aristote, et que, sortant alors des termes qui le bornent, le changement nécessairement se déferait, de même le *transitionnel* (à distinguer du transitoire), s'il était envisagé pour lui-même, mettrait-il en péril le pouvoir déterminant de la Fin, en tant que forme - fin (*eidos - telos*), et sa capacité à *conduire* le changement : ce n'est rien de moins que la possibilité même de l'ontologie, dans son pouvoir ordonnant et constituant, qui, du coup, en serait brouillée.

L'intermédiaire est encore tenu pour un extrême

Sortir de la conception du substrat - sujet (comme du principe de contradiction)

Bergson avait bien vu, tandis qu'il critiquait cette incapacité de la philosophie à penser la transition, quelle en était la principale origine : le point de vue substantialiste de la métaphysique. Tant que vous considérerez le changement comme un changement d'états, s'opérant donc entre deux instants distincts, mais ne remettant pas en cause la substance « sup-posée », vous aurez beau ensuite, pour réduire l'écart entre eux, intercaler autant d'états et d'instants intermédiaires que vous voudrez, vous ne ferez toujours que répéter cette même logique de la distension, vous ne verrez toujours que de la *succession*, dont les composants restent extérieurs les uns aux autres, d'une façon analogue à la juxtaposition dans l'espace, et continuerez de perdre de vue la *transition* : vous n'aurez toujours que du stable, et jamais du changement ; ou plutôt, vous aurez du changement, à titre de résultat, mais non pas du *changeant*. Or, comme l'avait déjà dit à sa façon Platon – ou du moins la formule, en se retournant sur elle-même, invite-t-elle à cette ouverture – « changer » lui-même « ne peut se faire sans changer »[69]. Mais, tant que le changement est conçu dans la perspective du substrat - sujet, ce changement ne pouvant plus consister qu'en une modification de prédicats et n'entamant point la consistance du sujet, ce sujet changeant ne peut plus être perçu que comme passant « d' » un terme « à » l'autre (*ek tinos - eis ti*), l'un servant de point de départ et l'autre d'aboutissement, celui-ci étant la « forme » et celui-là sa « privation » – du « chaud » au « froid », du « jeune » au « vieux » – lui-même ne faisant que se *distendre* entre eux. C'est pourquoi on a pu si naturellement assimiler changement et mouvement durant toute l'histoire de la philosophie et qu'on ne s'en est jamais étonné : de même que le mobile, en se déplaçant, reste inchangé (du moins jusqu'aux découvertes de la physique moderne), de même le changement, par les termes qui le déterminent, reste-t-il attaché à la fixité des essences ; et c'est pourquoi, pour Aristote, le « transport » du mobile, « en s'écartant le moins de son essence », représente l'idéal de tout mouvement - changement (cf. *Phys.*, VIII). C'est aussi pourquoi Aristote peut, parmi les exemples qu'il donne de la *kinesis*, mouvement - changement, considérer le « vieillissement » au même titre, non seulement que l'apprentissage ou la guérison, mais aussi que le « saut » ou la « rotation ». Cette transition continue de la vie s'accomplissant dans le « vieillir » ne lui paraît pas d'une autre nature, et n'a pas plus d'épaisseur processive, qu'une courbe qu'on trace d'un point au suivant.

Sortir du parti pris de la substance pour concevoir la radicalité du changeant

Or, cette cécité à l'égard du transitionnel et de l'indistinction qui le caractérise est étrangement tenace dans l'histoire de la philosophie. Kant, chez qui la conception du temps (et de l'espace) joue pourtant un rôle déterminant dans la mise en place de sa philosophie, comme condition de possibilité de toute objectivité, est si décevant quand il en vient à penser le changement. Le changement et le temps avec lui ne se voient toujours justifiés que pour mieux asseoir le principe de contradiction : que des prédicats contradictoirement opposés se rencontrent en un seul et même objet ne se résout que si l'on considère que ces deux attributs se rencontrent à deux moments différents, et donc par distension dans le temps. Autrement dit, si une même chose ne peut être simultanément A et non A, elle peut l'être successivement, ce qui implique d'avoir à supposer le changement et, comme sa condition, le temps : « vieillir », par conséquent, ne serait rien d'autre, en somme – pure affaire de propositions – que ce qui permettrait de prononcer du même homme, en distinguant deux temps différents, par simple substitution qu'autorise la succession, qu'il a les cheveux « noirs » et (puis) les cheveux « blancs ». Simple échange, voire inversion d'attributs ; mais l'« homme », lui, dans son essence, en tant que sub-stance – *au travers* – demeurerait inchangé.

Vieillir n'est pas analysable en termes de prédicats

On voit bien ce que, pensant le « temps », Kant d'emblée a raté : si vieillir n'est pas passer d'un état à un autre comme extrémités d'un changement, c'est aussi que, dans le phénomène du vieillissement, c'est *tout*, imperceptiblement, qui se trouve concerné et est appelé à changer. Non seulement les « cheveux », mais aussi le « sourire », mais aussi la « voix », etc. ; mais aussi le « caractère », et la « vitalité », et le « point de vue »... La « conscience » aussi change. « Ce qui » change, au sein du vieillir, n'est pas assignable et localisable, et par conséquent isolable, encore moins découpable : vieillir n'est pas analysable en termes d'attributs séparés ; ou bien ce qui en est séparable ne l'est qu'à titre d'indice d'une transformation qui, elle, est globale en même temps qu'elle est continue. Imperceptibilité du changement, tant celui-ci est progressif, et inséparabilité de ce qui serait des « attributs », ou ceux-ci sont abstraits : voilà qui range à nouveau le vieillir dans l'ordre du *transitionnel processif,* au lieu de le laisser concevoir, à partir d'extrémités et à titre de simples prédicats, sous la condition du temps.

Bord à bord : passer par la Chine défait les pré-catégories d'Aristote

3. Il est fascinant de voir comment, sur ce point, en lisant de près, ces pensées venant alors se coucher bord à bord, la chinoise défait l'aristotélicienne. Point par point, et de façon également « logique », mais celle d'une autre intelligibilité. Sortant enfin de l'indifférence mutuelle dans laquelle elles sont nées, elles construisent en système leur vis-à-vis et s'éclairent par la différence apparue, chacune se révélant en exploitant l'hypothèse que l'autre, d'emblée, a laissé tomber. Aristote lu du dehors laisse voir ce que n'a pas pensé Aristote : ce qu'il n'a pas pensé à penser ou qu'a rendu impensable sa pensée. D'une façon générale, « ce qui engendre est ce qui possède la forme », répète-t-il à la fin de la *Physique*[70]. Mais la Chine n'a jamais conçu un pouvoir déterminant de la Forme, celle-ci n'est que la manifestation sensible de l'actualisation

Dialogue

en cours[u]. « Et dans ce qui se meut soi-même, poursuit Aristote, l'un meut et l'autre est mû. » Mais la langue chinoise n'a pas explicité, et codifié dans des voix, le rapport de l'actif et du passif qui structure ici la pensée grecque ; une fois de plus, c'est en tirant parti des ressources impliquées dans la langue que s'articule ici la pensée. « Mais il n'est pas possible, continue Aristote, que l'être qui se meut soi-même soit tel que chacune des deux parties soit mue par l'autre. » Or, tel est bien le cas, aux yeux des Chinois, des facteurs *yin* et *yang*, en corrélation au sein de l'énergie cosmique et dont l'interaction est continue. « Il n'y aurait, en effet, pas de premier moteur si elles devaient se mouvoir chacune mutuellement. » Or, telle est bien aussi la conclusion que, de leur côté, tirent logiquement les Chinois : sous l'effet de la polarité, les changements s'enchaînent à l'infini, tissant le monde, sans cause première, sans hiérarchie des sphères ni des effets. On s'attend souvent, parce qu'elle s'est développée loin de nous, et même indépendamment de nous – la seule – à ce que la pensée chinoise nous paraisse étrange – elle est supposée exotique. Voire, parce qu'elle est la plus lointaine, la plus exotique ? Mais je me demande si ce n'est pas plutôt Aristote qui nous surprend, ici, par son étrangeté : par tout l'appareil qu'a monté la métaphysique – avec Forme, Fin et Sujet – pour recouvrir l'évidence *phénoménale* de la transition.

La transition ne se pense qu'en couplages

Il semblerait, en effet, que tout prédisposait la pensée chinoise, ne dissociant pas des instants servant de termes entre lesquels se déroulerait le changement, à penser la transition *s'opérant à tout moment*. Non seulement parce qu'elle n'a pas superposé à l'évolution, pour l'éclairer, de « forme » ou de « fin », ni ne lui a supposé, en son fond, de « matière » ou de « sujet », mais aussi parce qu'elle n'a cessé de se défier de la disjonction : si l'un ne va pas sans l'autre, c'est que, à ses yeux, l'un déjà est dans l'autre, qu'il n'y a pas possibilité de coupure tranchée entre eux et que, l'un ou l'autre exerçant sa domination, nous n'avons toujours affaire qu'à la continuité d'un passage. Celui-ci se renouvelant sans cesse et ne connaissant pas d'interruption, à la fois *durant* et sans hiatus. Comme il y va là de ce qui par principe n'est pas isolable, la *trans*-ition, un terme unique peut bien en désigner la notion, mais seul un couple notionnel, à la fois contrastant et corrélant, pourra en saisir, en en tenant simultanément les deux aspects, la logique interne de « fonctionnement » ; ou plutôt, il en faut deux, pour la quadriller, se complétant entre eux (tous deux issus de l'antique *Classique du changement, Zhouyi* ou *Yiking*) : telles sont « modification » - « transformation » d'une part (*bian - hua*) et « modification » - « continuation » de l'autre (*bian - tong*)(v). Car, seul élément repérable dans la continuité du procès, la « modification » à la fois conduit à la « transformation », mais, par là même, assure la « continuation » ; autant dire qu'une autre logique du même et de l'autre est à convoquer.

In - fluence / *trans* - formation (le concept qui manque)

Le terme chinois que nous traduisons habituellement par transformation signifie aussi « influence », les deux sens seront à tenir ensemble (à la fois le *in*- et le *trans*-, la « fluence » et la « formation »). Car c'est par influx, traversant de part en part, et fécondant, que s'opère, selon le *Classique du changement,* le procès de la vie :

Le Ciel et la Terre, mêlant leurs énergies :
tous les existants – sous leur influence / par transformation – fermentent ;
le masculin et le féminin, unissant leur essence :
tous les existants – sous leur influence / par transformation – adviennent[71].

Indistinction du « mêlé » (*yin-yun*(w)) : les deux énergies en jeu se pénètrent et s'enveloppent mutuellement, elles se confondent pour s'inciter ; « fermentation » (*huachun*(x)) : la transformation est celle des substances elles-mêmes – « matière - sujet », selon les termes grecs – sous l'influence des facteurs favorables. Loin donc d'être un chaos originel, dénué d'ordre, que viendrait supplanter le cosmos, ni non plus l'« obscurité » de la matière que viendrait éclairer la Forme, cette « indistinction » dit le *fond(s)* d'indifférenciation d'où procède, et dont relève, tout avènement individué ; de même, la fermentation n'indique pas l'accès à un état terminal et définitif, ou même seulement distinct, serait-ce celui de la maturité, mais signifie que le processus engagé persévère en son cours, n'en finissant pas de décanter et d'émaner, se corsant et s'animant à la fois. Aussi, dans le déploiement phénoménal de ce devenir spiritueux - spirituel (comme on parle aussi bien d'« esprit » du vin que d'« esprit » de Dieu) – parce qu'on se trouve alors au plus loin de tout dualisme du corps et de l'âme, de la matière et de l'esprit, etc. –, l'« avènement » à la vie, lui-même, ne fait plus coupure.

Il n'y a donc pas là, à proprement parler, « trans-formation » puisque l'opération en cause n'est pas celle d'un sujet - matière changeant de forme, ou accédant à la forme à partir de sa privation ; ni non plus altération (*alloiôsis*) puisque l'évolution en cours, en tant qu'avènement processif, est celle d'une promotion qui, en assurant le renouvellement de la vie, constitue la vertu d'un Ciel-nature. « Changement » (*yi* en chinois) ne dirait que l'envers du constant ; « mutation » isolerait trop en états distincts les termes du passage ; « modification », enfin (notion de *bian*), ne saisit que l'aspect repérable de l'évolution. Car, globale et continue comme elle est, la transformation (*hua*), ou du moins ce que nous traduisons comme tel, nous tenant à ce terme comme à un pis-aller, à la fois *précède* et prépare la « modification », et la *déploie*. Elle la borde en amont comme en aval, et cet aval est en même temps toujours amont. Aussi, tandis que la modification est la part émergeante de l'évolution, la limite étant alors franchie qui laisse apparaître un tournant-inflexion du processus, la transformation en est la part continûment invisible : aussi bien dans sa dimension

La transformation invisible : discrète-étale

de gestation de la modification que dans celle de la diffusion de celle-ci, les deux étant indistinctes et ininterrompues ; comme telle, elle est à la fois trop discrète, dans son jeu d'influence interne, pour apparaître à l'observateur au-dehors, et trop étale, dans son résultat, pour qu'il en perçoive encore la différence.

« Modification » ou « continuation »

Car la *modification* n'est pas plus isolable, au sein de l'évolution, que ne l'est elle-même la transition ; à la fois elle est l'inverse de la *continuation* et est la condition de celle-ci, et c'est en joignant les deux que le *Classique du changement* réussit à penser le phénomène de la vie dans sa durée. Commençons par leur opposition. La « modification » (*bian*) a lieu, en effet, quand l'un devient l'autre et que change le facteur dominant, du *yin* au *yang*, du *yang* au *yin* ; tandis que la « continuation » (*tong*) a lieu quand l'un ou l'autre facteur apparu va se confortant et se déploie, le *yin* venant renforcer le *yin*, le *yang* venant renforcer le *yang*. L'exemple privilégié, on ne s'en étonnera pas, en est donné par les saisons [72] : le printemps se « continue » en été, la chaleur allant croissant, puis l'automne « modifie » l'évolution en inversant la tendance ; de même l'automne se « continue » en hiver, le froid allant croissant, puis le printemps « modifie » l'évolution en renversant à nouveau la tendance. La modification retranche ainsi ce qui deviendrait excessif et conduirait à l'étiolement [73] : la chaleur (du *yang*) ne pouvant durer plus longtemps, la pluie (*yin*) intervient pour mettre fin à la stérilité de la canicule ; puis, à partir de la « modification » intervenue, la « continuation » poursuit l'évolution engagée de façon à en développer complètement l'effet : ainsi, l'influence de la pluie se répandant, les existants continuent de se développer.

« La modification assure la durée »

Il y a bien opposition entre elles, créant l'alternance, puisque la modification bifurque et que la continuation poursuit ; l'une « innove » et l'autre « hérite ». En même temps qu'il convient de combiner les deux pour composer la transition : l'une est facteur de transmission, l'autre de rupture, et la transition a ces deux dimensions à la fois. Car cette rupture n'a elle-même en vue que d'assurer la continuité : c'est parce que l'évolution allait s'épuisant que, rompant avec la tendance dominante, la modification réoriente l'évolution et lui ouvre à nouveau la voie ; elle est le renouvellement nécessaire pour sortir de l'enlisement auquel la tendance conduirait en se prolongeant. En dissipant la sclérose, la modification lève la menace d'obstruction, il y a à nouveau passage et donc « continuation »[74]. En ce sens, elle est bien de même nature que la continuation qui, elle, faisant « communiquer » à travers la modification engagée (l'autre sens de *tong*), laisse passer, pour se répandre de part en part, l'orientation nouvelle. Ainsi, en même temps que modification et continuation s'opposent, chacune prolonge l'autre : la continuation déploie la modification amorcée et la modification restaure la continuation qui s'épuisait. C'est donc la logique de la continuation qui perdure à travers l'un et l'autre temps, elle englobe le processus de la vie dans son entier : « une ouverture - une fermeture, telle est la modification, dit ailleurs le *Classique* ; aller et venir sans jamais s'épuiser, telle est la continuation »[75]. C'est pourquoi l'on peut dire non seulement, comme il va de soi, de façon quasi tautologique : la continuation assure la durée ; mais aussi, en tenant les deux bouts de l'enchaînement : « la modification assure la durée[76(y)] », elle est la part continuelle de différence qu'exige la durée pour durer. C'est pourquoi aussi on peut lire cette autre formule selon ces deux sens qui nous paraîtraient de prime abord opposés : « modifier mais continuer » et « modifier de façon à continuer » (*bian er tong*[(z)]). Comprendre la transition exige effectivement de ne plus séparer logiquement « mais » et « de sorte que » – le même mot « vide » en chinois dit les deux (*er*) ; elle ne se pense que dans le décloisonnement et la conciliation des deux, l'opposition et la consécution, et celles-ci sont à voir, non seulement comme les deux phases, mais également les deux faces d'un même procès.

La pensée du processus nous sort des alternatives propres à la pensée du temps

4. J'imagine que l'on voit mieux, dès lors, pourquoi l'on ne saurait guère soumettre la pensée chinoise aux alternatives selon lesquelles on a schématisé la pensée (occidentale) du temps : temps cyclique ou linéaire (progressif), continu ou discontinu. Si tant est déjà que ces oppositions aient un sens en « Occident » – l'hellénisme face au christianisme ? –, mais du moins on a pris l'habitude de ces hypothèses, elles ont leur commodité, qui est due à leur netteté, et servent au repérage. Or, de la Chine, « il ne fait pas de doute, nous dit Needham, qu'elle possède des traits des deux conceptions ; mais de manière très générale – bien qu'on n'en ait rien dit précédemment – c'est à mon avis *la linéarité qui a dominé* »[77]. Car, s'ils n'avaient pas conçu le temps de manière linéaire et progressive, poursuit Needham, les Chinois n'auraient pu manifester une telle conscience de l'histoire ; contre le mythe d'un « Orient atemporel », la Chine se révélerait, somme toute, plus proche de la culture « irano-judéo-chrétienne » que de l'« indo-hellénique »... Je passe sur la pertinence de tels agglomérats qui sont la plaie du comparatisme culturel. Mais surtout, demandons-nous, quel est ce « mixte » dont alors relèverait la Chine ? Ou quand cesserons-nous ces opérations de placage, et par suite de recollage (et bricolage), qui nous masquent l'hypothèse d'une autre intelligibilité ? Il m'apparaîtrait plutôt que, ayant conçu, non point le temps, mais la transition processive, les Chinois ont pu penser à la fois l'alternance régulatrice, telle que l'incarnent les saisons, mais qui ne se confond en rien avec les cycles de l'éternel retour ou la « palingénésie » des Stoïciens, *et* le devenir inédit des processus, notamment historiques, ne cessant de se renouveler – qui ferait croire, chez eux, à la linéarité et l'irréversibilité du temps. De même, dit Needham, « il y a eu dans la pensée chinoise *et* un temps continu *et* un temps discontinu ». Or je croirais volontiers que, n'ayant pas conçu *le* temps, les Chinois ont pensé un développement par phases – toujours à l'instar des saisons – qui soient à la fois qualitativement différentes *et* s'enchaînent sans discontinuer, ce trait-ci étant la conséquence de ce trait-là ; la différence qualitative, en effet, appelle une compensation à venir. S'ils ont ainsi accordé une telle importance à l'histoire, ou si, comme va jusqu'à le dire Needham, « parmi les peuples anciens, les Chinois ont eu le meilleur sens de l'histoire », ce n'est pas tant qu'ils aient accordé une plus grande importance au « temps objectif » – là encore nous projetons nos catégories – que parce qu'ils ont pu analyser le cours historique à l'aide des catégories du devenir processif dont ils disposaient, cohérentes comme elles sont, « modification » et « continuation » : comme une transition à la fois globale et continue, régie par des tendances à long terme, « innovant » en même temps qu'« héritant », mûrissant et compensant, et donc sur la durée longue, faite de « transformations silencieuses » (Wang Fuzhi), et non sur le mode superficiel, en tout cas spectaculaire, de l'événement.

Effraction - tension - désir (qui font l'événement)

Un « événement », à vrai dire, existe-t-il effectivement ? N'est-il pas seulement le trait émergeant, se distinguant, tel un trait d'écume, de la gestation tendancielle enfouie, qui soudain affleure en lui ? De quel droit, autrement dit, le découpons-nous dans la trame du devenir, lui qui n'est que la manifestation visible de maturations invisibles, pour en faire un être propre, isolable, individué : « un » événement ? Car, en le faisant surgir ainsi, comme *é*-vénement (*e-venit*), de même qu'en lui attribuant la capacité de *se* produire, comme s'il détenait une initiative ou du moins possédait sa propre individualité, nous faisons inévitablement trou dans la continuité du cours et contredisons en plein la logique de la transition : question d'autant plus cruciale que la notion d'événement est intrinsèquement liée à l'idée de temps et que nous ne saurions concevoir de « temps » sans « événements » y survenant – la nature du temps, si « nature » il a, est liée à cette possibilité.

Trois traits principaux caractérisent, en effet, l'événement. D'abord, son statut exceptionnel, le distinguant du moment : un événement est ce qui, par principe, ne saurait se produire à tout moment ; non seulement un événement est toujours tenu pour singulier, mais il est de plus censé extraordinaire ou, du moins, il ne peut être totalement courant. Ressortant de tout le temps environnant, l'événement rejette dans l'ombre, par son caractère décisif, les moments adjacents ; et ceux-ci, subissant son attraction, se reprofilent en fonction de lui. En deuxième lieu, tout événement est un bouleversement, reconfigurant à partir de son incidence tous les possibles investis ; qu'on le dise *sur*-venir sous-entend toujours quelque part une effraction produisant une faille entre le passé et l'avenir en même temps qu'il déborde – excède – le moment présent : « Il semble, écrit Proust dans *La Prisonnière*, que les événements soient plus vastes que le moment où ils ont lieu et ne peuvent y tenir tout entiers. » Enfin, aussi attendu, ou justifié après coup, que soit l'événement, aussi explicable qu'il soit par son contexte, l'événement contient un inassimilable, il fait signe vers un dehors, qui tous deux appellent, transcendant toute explication causale, le secours d'une interprétation ; son irruption est le « chiffre » d'une « aventure », aiment à dire, dans leur idiome, les phénoménologues. Du moins, comme il n'est jamais entièrement soluble et que, se détachant du cours des choses s'ensuivant implicitement, tacitement, il fait du même coup surgir, et rend criante, l'énigme de son origine, l'événement provoque la question du Sens, il appelle une « herméneutique »[78] ; par là, il captive un intérêt qui déborde toute raison, qui parle au désir comme à l'imagination.

La dramatisation européenne (se nourrissant d'événements)

C'est pourquoi je me demande si, à ce titre, la culture européenne ne pourrait pas être définie tout entière comme une culture de l'événement : par la rupture qu'il produit et tout l'inouï qu'il ouvre, par ce qu'il permet de focalisation, et par conséquent de tension, et donc aussi de *pathos*, l'événement détient un prestige auquel elle n'a jamais renoncé. Elle n'a jamais pu renoncer, parce qu'elle y est passionnément (passionnellement) attachée, au caractère fascinant, inspirant, de l'événement. Sa croyance est faite d'événements absolus, où c'est l'Eternel qui vient croiser le temps et l'effraction est totale : Création, Incarnation, Résurrection, etc. ; et, sur sa scène littéraire, tout a concouru à mettre en valeur le vertige attirant, subjuguant, de l'événement. Que ce soient Homère, ou Pindare, ou les Tragiques, tous visent à produire un événement irréductible qui ne se laisse pas comprendre dans la trame mémorable des récits et des cycles, et ne soit le cas particulier de rien de plus général. Evénement incomparable, inintégrable, portant à la limite – source de sublime et d'interrogation sans fin.

Or la Sagesse dissout l'événement

On se doute que, à l'inverse, s'attachant aux phénomènes de transition s'opérant à tout moment, la pensée chinoise a tendu à résorber le prestige de l'événement dans la continuité silencieuse des processus. La Chine antique n'a pas composé d'épopée, ni non plus de théâtre, montant dramatiquement l'événement ; elle a cultivé, non le tragique, ou le sublime, mais la « sagesse » dissolvant l'exceptionnalité de l'événement dans une constante adaptation à la modification du moment. Or, la « modification », nous l'avons vu, travaille à la « continuation », elle est partie prenante de l'évolution et ne saurait en être détachée, encore moins isolée. Evite-t-elle pour autant toute rupture ? Ignore-t-elle pour autant l'aléa ? Pour les mieux délimiter, et cantonner, en même temps que justifier, le phénomène – inévacuable – de la rencontre adventice, les Chinois ont concentré leur attention sur ce qu'ils ont conçu comme l'« amorce » infime du changement (notion de *ji*[(a')]) et qui est, précisément, le stade initial de la modification, alors que celle-ci s'engage à peine et que, s'esquissant, elle n'est pas encore manifeste. S'il est un moment décisif, c'est donc à ce stade le plus subtil que « scrutent » le sage et le stratège, sondant jusqu'en son « tréfonds » la profondeur des évolutions[79] : là où, la modification venant à poindre pour rouvrir la voie à venir, l'imprévisible se mêle opportunément à ce qui est encore l'indéfinition de la tendance et – l'aléatoire fécondant à nouveau le devenir – de nouveaux germes de possible apparaissent. De là naît la capacité d'innovation du procès qui fait la vie. Car, à peine amorcée, la tendance qui s'engage est portée d'elle-même à son déploiement ; et c'est elle qu'on verra finalement aboutir, en grand, au surgissement si merveilleux de l'« événement ».

« Le temps passe » ; mais qu'est-ce à dire ?

5. Or, je crois que ce statut éminent, isolant, de l'événement n'est pas sans faire écho à la position quasi mythologique que, dans la culture européenne, s'est vu conférer le Temps. Quand nous disons, depuis les Grecs, le personnifiant et le posant en sujet de la phrase : le temps « avance », le temps « coule », le temps « s'accroît » (Sophocle) ; que nous l'invoquons : « O temps, suspends ton vol ! » (Lamartine) ; que, confondant chronos et Kronos, nous assimilons le temps qui passe et le dieu de la cosmogonie dévorant ses enfants : « Le Temps mange la vie » ; il est l'« obscur Ennemi » qui nous « ronge le cœur, / Du sang que nous perdons, croît et se fortifie ! » (Baudelaire)... Ou que, à la suite de Pindare, nous disons simplement, comme nous le faisons sans cesse : « le temps passant » (*chronos herpôn*) – « on ne voit pas le temps passer » : comme s'il y avait là, effectivement, quelque être propre, et même autonome, indépendant des existants et des processus dans lesquels ils sont engagés, qui soit sujet à « passer » *.

* Comme le corrigeait Ronsard, le poète du temps qui passe :

Le temps s'en va, le temps s'en va, ma dame ;
Las ! le temps non, mais nous nous en allons,...

La figure mythologique du Temps en amont de la philosophie

S'il ne s'agit là, bien sûr, que de façons de parler, d'images plus ou moins usées, à raviver par les poètes, celles-ci n'en laissent pas moins voir, quand on remonte, sous cet usage, à l'origine d'une telle personnification du Temps, pour quels besoins particuliers – parce qu'à quel tournant de notre histoire intellectuelle précédant la philosophie – nous avons conçu, promu, cette figuration allégorique. La figure préparant la voie du concept et celui-ci la « dépassant » –, du moins telle est la version facile dont on aimerait se contenter. Car, de cette personnification antérieure, à quel point le concept de temps n'est-il pas resté, cependant, indécollablement tributaire, ne serait-ce que par cette fonction *possible* d'instance-sujet ? Sur elle, notre pensée désormais s'est fixée, notre langue usuelle elle-même s'est formée, au point que, utilisée comme allant de soi, elle s'est imposée à la philosophie et que celle-ci, dès lors, *a dû* la penser. C'est dans cet amont de la notion, précédant le travail des philosophes, qu'on devra donc chercher ce dont, comme représentation culturelle (symbolique) devenant commune, n'a *plus pu sortir* la philosophie.

Car cette figure du Temps, en Occident, est historiquement ambiguë, elle-même est intermédiaire, elle est pré-philosophique. Contrairement à ce que l'on croirait volontiers, elle n'est pas issue des mythologies primitives, en effet, ne relève pas directement d'un héritage religieux mais, si je m'en rapporte à ses historiens (H. Fraenkel, E. Degani, J. de Romilly [80]), est d'invention relativement « récente » ; c'est plutôt avec la décomposition des antiques cosmogonies, quand commence à s'expliciter le rationalisme grec, que, sur les décombres du monde olym-

Ce qui conduirait à reconnaître, en revenant sur cette façon de parler, et donc en renonçant à la figure commune du temps, que nous n'avons toujours affaire, en réalité, qu'à des processus particuliers, à plus ou moins vaste échelle et se caractérisant par leur « durée » – telle est la vie d'une plante ou d'un astre, telle est ma vie.

pien, apparaît la personnification du temps. Celle-ci serait le substitut mythologique d'une pensée qui commence à théoriser ; sa personnification, lui conférant définitivement cette fonction d'instance - sujet, est déjà le fait d'une abstraction. Car, chez Homère, le temps est simplement le délai – apprenant l'attente, dont dépend le succès ou l'échec – qui sépare de l'aboutissement ; pas plus que chez Hésiode, on ne l'y rencontre en fonction de sujet, il ne lui est conféré de figure ni de pouvoir propres. Mais quand, corrigeant Hésiode, la cosmogonie est réécrite en vue de mettre en valeur des principes éternels, voici que – sous couvert de son assimilation à Kronos ? – le Temps apparaît, de pair avec Zas le Vivant et Chthonie la Souterraine, pour prendre part à l'explication du monde ; il joue alors le rôle d'une « hypostase mythologique » (W. Jaeger), à statut déjà nettement allégorique (chez Phérécyde, au VIe siècle avant notre ère – mais, là comme ailleurs, quelle importance attribuer aux cosmogonies orphiques ?). Dans le fameux fragment d'Anaximandre, l'« arrangement » ou le « verdict » du temps est ce qui préside à la loi du renouvellement compensateur des êtres, faisant passer implacablement de la génération à la corruption. Chez les gnomiques, le temps est déclaré le plus sage, voyant tout, pouvant tout, révélant tout ; chez Pindare, il est invoqué comme un être supérieur doué de pouvoirs spéciaux et d'un statut divin –, il est « Père de toutes choses » ; chez les Tragiques, c'est lui qui est tenu responsable de ce qui nous arrive en engendrant les événements...

Le temps promu instance sujet : au début de son abstraction

Les dieux se retirant, du moins sous leur premier visage, le « Temps » vient d'une certaine façon les remplacer sur un mode purement explicatif, abstrait, mais qui reste celui d'une explication globale et garde en lui, voire absolutise, l'attribut d'un pouvoir tout-puissant ; est laissée indistincte, par conséquent, la frontière entre la durée abstraite et l'être souverain. Voilà donc qui ferait du Temps une sorte d'avatar ultime de la transcendance, gardant, inévacuable, quelque chose de la divinité, mais sur

Le Temps, résidu inévacué de la transcendance

un mode anonyme, à la limite du « naturel », au sein d'une pensée se vouant à la rationalité. La philosophie en a hérité. C'est cette figure suprême, absolutisée, du temps que l'on voit reparaître soudain chez Aristote après qu'il vient de définir le temps physiquement comme nombre du mouvement (en 221a ; et je m'étonne que ses commentateurs, d'ordinaire, ne pointent pas davantage ce tournant). Car le temps, même aristotélicien, n'est pas seulement un paramètre, il reste habité par la transcendance, ou plutôt le redevient, à la fois comme cadre et comme agent. Comme agent : « c'est pourquoi, dit Aristote, l'on continue de dire que le temps consume », toutes choses en « subissent » l'action [81], il est « cause par soi-même de destruction ». Comme cadre également : nous sommes « enveloppés » par le temps, car les choses ne sont pas seulement dans le temps parce qu'elles sont mesurées par le temps, mais, dit encore Aristote, et c'est ici que son propos rejoint la représentation traditionnelle, il est « un temps plus grand que tout ce qui est dans le temps » [82]. Ce temps « enveloppe », de la même façon qu'on a pu dire précédemment, à l'époque des premiers penseurs grecs, que le premier principe « enveloppe » toutes choses et les « gouverne ». L'expression d'ailleurs est réversible, car si toutes choses sont dans le temps, le temps lui-même, dit à la suite Aristote, « semble être dans toute chose, dans la terre, la mer, le ciel » [83]. « Dans le temps » : l'expression, pourtant si commune, et même enracinée dans la langue, est de celles qui rendent aporétique la nature du temps *. Car, à l'évidence, on ne saurait dire : « dans le temps » comme on dit : « dans l'espace » –, ce dont nous avertissaient déjà, de leur côté, les Mohistes. Ce « dans » a-t-il encore un sens à propos du temps, ou faudrait-il corriger

Réintégration du temps physique dans le temps mythologique (Aristote)

Le temps enveloppe

* Augustin, pourtant si sensible à l'aporie du temps, ne peut pas en désadhérer –, c'est même à cette locution qu'il se raccroche : « Je vous confesse, Seigneur, que j'ignore encore la nature du temps. Par contre, je vous le confesse aussi, Seigneur, je sais que c'est *dans le temps* que je dis ces choses... » (*in tempore ista dicere ; Confessions*, XI, 25).

la langue (et ne plus dire le *Dasein* est dans le temps – *in der Zeit* – mais « il est temps », « je suis durée ») ? De là, naîtrait non pas tant ce concept que cette idée de temps qui, depuis, n'a cessé de hanter la philosophie, attirante parce qu'insaisissable, reconfigurant indéfiniment la possibilité de celle-ci et l'inspirant, voire faisant de tout travail de la pensée, dans sa quête de l'impensable, une « recherche » passionnée du « temps ».

Si brève soit-elle, cette généalogie de la pensée du temps nous conduit à nous demander si, le temps constituant, au sein de la pensée occidentale, comme une ultime figure de la transcendance, une pensée qui serait résolument de l'immanence et de la vie ne serait pas en droit de se passer du concept de temps. Cette question courra à travers toute la suite de cet essai. Une autre, impliquée en elle, est à traiter en premier : si nous avons pensé le temps comme distension, n'étions-nous pas contraints, de ce fait, à ne plus pouvoir donner de consistance à ce qui, par principe, est sans étendue, mais qui seul « est » pourtant – l'« instant présent » ?

IV — VIVRE AU PRÉSENT ?

Entre le présent éternel de la métaphysique et le présent instantané de la physique

1. Remontons dans l'analyse pour en décider. S'il y a inconsistance du présent, c'est d'abord que celui-ci est pris, comme le temps lui-même, entre les deux perspectives opposées par lesquelles nous sommes entrés ; d'où résulte une contradiction inhérente à son statut, voire c'est en lui que, le plus crucialement, s'éprouve l'aporie du temps : il y a, d'une part, le présent *éternel*, éminemment stable, de la métaphysique et, de l'autre, le présent *instantané* de la physique (*in-stans* : qui ne se « tient », ne s'« arrête » pas) ; quant au présent de la conjugaison, il exprime indifféremment les deux. L'un « est » toujours, l'autre n'est jamais. Entre eux deux, quelle existence, mais qui soit temporelle, reste-t-il à lui conférer ? L'Etre ou Dieu, d'un côté, le mouvement, de l'autre : nous reste-t-il, entre eux deux, un présent où vivre ? – « vivre » : le mot, je l'avoue, est toujours risqué en philosophie (« un peu gros » – grossier – à introduire de biais...). Ou mieux, un présent « à vivre » (à : destiné à, permettant de) et dont nous puissions faire l'expérience effective : qui ne nous dépasse ni ne nous échappe, qui ne soit ni l'immuabilité des essences, accessible à la seule contemplation, sans futur ni passé, dit Augustin – *nec futura nec praeterita* – ni non plus le point sans étendue du temps « par où », celui-ci « fuyant » toujours, le futur ne cesse de se convertir en passé ? Augustin encore [84] : tout le passé et le futur tirent leur être et leur cours de l'éternel présent (*ab eo quod semper est praesens*) ; mais ce « présent », s'il n'allait rejoindre le passé, s'il était toujours présent, « il ne serait pas du temps, il serait l'éternité »... De là, la question, et même la question par excellence, dans laquelle s'est trouvée prise la philosophie : si, pour être du temps, le présent doit rejoindre aussitôt le passé, comment pouvons-nous encore déclarer qu'il « est », lui qui ne peut être qu' « en cessant d'être » ?

Et pourtant « présent » - « présence » (Heidegger)

Or, dans ce « présent », c'est bien l'« être » même, pourtant, que l'on entend : *praesens* (*prae-esse*), l'« être devant ». « Est devant » : il faut un *cela* (*id*) qui « se présente » et soit devant. Aussi Heidegger était-il justifié à dire que l'essence était comprise comme une constante « présence » (*Anwesenheit*) au sein de la métaphysique – *ousia* comme *parousia* – et qu'il y a donc un primat dévolu au présent, comme mode déterminé du temps (*Gegenwart*), par l'ontologie classique. Atemporel, ce présent conçu au-dessus du flux du sensible est une immuabilité réalisée ; déjà chez Platon et Aristote, qu'il s'agisse de la contemplation toujours en acte du Premier moteur ou de la stabilité toujours identique des Formes, il a le caractère d'un tout en même temps, *tota simul*, libre de toute successivité. Tandis que, de l'autre côté, pris comme il est entre le futur et le passé, le présent temporel est condamné par leur succession même à ne pas durer : il n'est qu'un « atome de temps » (Michel d'Ephèse), insécable, incomposé. Atome est encore trop dire ; compte tenu de la divisibilité à l'infini de tout continu – or le temps, comme grandeur, est un continu – ce présent est sans étendue ; tel le point de la ligne, mais qui n'appartient point à la ligne, il n'est pas une partie du temps, il en est seulement la « limite » (*horos*).

Comment, dans ces conditions (celles de la philosophie), penser un présent « à vivre » : un présent qui ne soit ni l'absolue présence de l'atemporel, mais retranché dans son ciel onto-théologique, ni non plus, à l'inverse, la présence impossible de ce qui ne serait plus qu'un point divisant virtuellement la ligne du temps, et n'ayant d'existence que mathématique ?

Aristote : entre l'instant de la *Physique,* qui n'est qu'un point, et l'instant de l'*Éthique,* qui est un tout

La difficulté s'en rencontre de façon exemplaire chez Aristote. Car, concevant le temps à partir de l'instant (*to nun*) – puisque c'est la délimitation de deux instants, définissant un laps de temps, qui permet de percevoir l'existence même du temps (et que, par sa double nature, celle du même et de l'autre, l'instant assure à la fois la divisibilité et la continuité du temps) –, voilà que c'est bien cet instant, de nature physico-mathématique, qu'il *situe* désormais comme *instant présent* (en *Physique* 223a), l'avant et l'après, selon lesquels le temps est le « nombre du mouvement », définissant dès lors « futur » et « passé ». Il est logique, dès lors, que l'inextension de principe, caractérisant l'instant, se communique également au présent. Mais, à la fin de l'*Ethique à Nicomaque* (cf. les analyses de Joachim à Victor Goldschmidt[85]), quand il critique la thèse du plaisir-mouvement, Aristote constate qu'il n'est pas possible de se mouvoir si ce n'est dans le temps, alors qu'il est possible d'éprouver du plaisir indépendamment du temps. Car alors « ce qui a lieu dans l'instant est un tout complet » (*holon ti*). Tandis que tout mouvement (*kinesis*) se déroule dans le temps en vue d'une certaine fin qui soit sa forme, comme dans le cas par exemple de la construction d'une maison, du plaisir, au contraire, la « forme » est parfaite à n'importe quel moment : il n'y a pas passage de la puissance à l'acte, le plaisir est un couronnement de l'acte ; c'est pourquoi cet instant présent du plaisir n'est plus alors un point, mais une « totalité », et que cet instant est complet (1174b). Mais, du même coup, parachevant ce qui est en acte et survenant par surcroît (un « épiginomène », dit de lui Aristote, comme on parle d'un épiphénomène), comme il est *en plus* (*epi* : tel l'éclat de la jeunesse « s'ajoutant » à la vigueur du corps), cet instant du plaisir nous fait sortir du devenir et de la génération ; du même coup aussi, il nous fait sortir – à nouveau, comme le « soudain » platonicien – « hors du temps ». Autant de trous faits par la philosophie, la moins extatique pourtant, non seulement à notre conscience, mais même à la réalité du temps, la plénitude du plaisir chez l'un, l'indistinction du changeant chez l'autre, les deux se répondant d'ailleurs à chaque extrême, ne se passant pas « dans le temps » (*me en chronô*). Or Aristote, cette fois, s'en tiendrait à la seule expérience : parce qu'il est « quelque chose de total », le plaisir abolit le temps. A l'instant même du plaisir, la question de son extension, et donc de sa durée « présente », ne se pose plus : il n'y a plus de « présent » qui tienne, distinct du futur et du passé ; elle ne se reposera que quand, par impuissance, l'activité se relâchant, la perception s'émoussant, nous laissons alors (l'« alors » de la chute) – fatigués, renonçants – le plaisir retomber dans le temps.

C'est à nouveau par *distension* que l'instant peut trouver une *extension*

On en serait renvoyé à la dualité des perspectives, la physique et l'éthique : d'une part, la physique faisant partie des sciences théorétiques ; de l'autre, l'éthique, comprise dans les sciences pratiques et supposant « l'expérience des choses de la vie » (et, à ce titre, ne comportant pas un traitement rigoureux ?). Mais, au sein même de la *Physique,* Aristote avait déjà reconnu, donnant droit aux formulations courantes, que l'« instant » pouvait s'entendre en un sens plus large ou, si l'on veut, dérivé : l'instant présent n'est plus alors considéré en soi mais rapporté à un autre appartenant au futur ou au passé proches ; dans ce second sens, l'instant fonctionne toujours comme limite, mais de ce qu'il s'adjoint un autre instant, limite également, c'est le laps de temps compris entre eux qui s'appelle désormais « instant présent ». Comme lorsque nous disons, et nous le disons tous les jours : il viendra « à l'instant », c'est-à-dire tout à l'heure ; ou il est venu « à l'instant », parce qu'il est venu aujourd'hui (222a). Force était donc, pour Aristote, à propos même de l'instant, d'en revenir à la *distension*. C'est par distension – l'écart entre deux instants, points de départ et d'arrivée – que nous prenons conscience du temps ; et c'est seulement par distension également que nous redonnons une extension, et par suite une existence, au présent, conçu à nouveau comme un intervalle entre deux extrémités : desserrant ainsi l'étau dans lequel la divisibilité à l'infini du temps l'enfermait. Conflit du théorique et du vécu, du temps conçu que, jusque dans le langage ordinaire, l'expérience contredirait ? Ou qu'elle viendrait discrètement relâcher, à la fois compenser et gommer ? Car, enfin, quand nous disons : je *vais* le faire « à l'instant », tout le monde comprend... Et Aristote est de ceux qui n'ont garde de négliger l'appui que fournit à la pensée ce que sous-entendent ainsi l'opinion et l'usage. Reste qu'on perd alors de vue la nature même de l'instant (comme *in*-stant) et que n'est plus pensé – justifié – au nom de quoi, dans l'instant même, une telle distension peut s'opérer.

C'est par l'acte que se déploie et se détermine un présent (chez les Stoïciens)

2. La question sera donc : par quelle *distension* entre « début » et « fin », lui conférant *extension* (celle de la durée), pourrait-on sortir légitimement l'instant présent de son atomisation infinie sans, pour autant, le faire verser hors du temps ? A quoi les Stoïciens sont les premiers à répondre : cette distension est celle qu'ouvre l'agent ; cette extension, par conséquent, a la mesure de l'acte. Si le présent n'est pas accessible à la connaissance, il le sera *par* l'action : c'est l'acte libre qui délimite un présent et *constitue*, en lui donnant corps, ce qui ne serait sinon qu'un flux évanescent. Car, s'ils reconnaissent qu'aucun temps n'est rigoureusement présent, compte tenu de la divisibilité sans fin du temps (l'argument d'Aristote), les

Stoïciens n'en affirment pas moins qu'on dit celui-ci présent « selon une certaine étendue » : « par exemple, la promenade existe pour moi quand je me promène » (Chrysippe) [86] ; si le futur et le passé subsistent, tels des incorporels, « seul le présent existe ». « Rigoureusement » signifie ici saisi par la pensée, comme être de raison (cf. Posidonius) : est irréel, en ce sens, tout présent que l'on prétendrait saisir par une pure analyse dianoétique, de type physico-mathématique ; est réel, en revanche, parce que retrouvant une extension, le présent saisi par la « sensation » ; ou plutôt, par l'acte que saisit la sensation. De même que le corps, dans le vide infini, conclut Victor Goldschmidt, occupe et découpe des lieux, de même revient-il à l'acte, dans l'infini de la durée, de découper des présents et de les déterminer.

L'acte a sa *fin* en lui-même ; présent éthique et présent cosmique

Cet *acte* temporalisant le présent, les Stoïciens le conçoivent à deux échelles. La première est celle de l'agent individuel et relève de l'éthique : dès lors qu'il s'en tient à la « fin » immanente à son acte (que le sage veut et qu'il obtient toujours : *telos*), en l'en distinguant rigoureusement de sa « visée » (que l'on peut atteindre ou non, et sur laquelle on peut se tromper : *skopos*), le sujet agissant ne dépasse jamais l'horizon que constitue pour lui l'action engagée : si sa *visée* nous rend dépendants du futur – réussira-t-elle ou pas ? Il faut attendre – sa *fin*, en revanche, se suffit entièrement du présent et nous y maintient constamment, c'est-à-dire, à la fois avec fermeté et d'une façon qui ne varie pas ; le sage agit main-tenant : en tenant fermement le présent comme dans sa « main » (*manu-tenere*) et s'y « tenant ». Aussi est-il toujours parfaitement contemporain de ce qu'il est en train de faire, comme et quand il doit le faire, sans en transgresser les limites par l'anticipation, ni non plus le retard, de sa pensée : il actualise du présent pendant qu'il agit, le temps qu'il agit, en l'isolant de son futur aussi bien qu'en le décollant de son passé. L'autre échelle est cosmique et relève de la physique (mais les deux vont « systématiquement » de pair) : l'acte est alors celui de Zeus délimitant dans la durée de l'*aiôn*, vide parce qu'illimitée, la période actuelle allant de la naissance du monde à sa conflagration. Au regard de Dieu, cette période entière est simultanée, elle coexiste en un même présent ; d'où, dans ce présent total, *tota simul*, passé et futur sont également dénués de consistance : ils ne sont plus évacués du présent, en ce cas-ci, mais résorbés en lui.

Ne pas déborder du présent

Deux opérations nous reviennent, dès lors, pour conférer sa plénitude au présent (Victor Goldschmidt). La première sera d'essayer d'étendre le présent en tentant de l'envisager à l'échelle cosmique : au moyen de l'interprétation comme de la divination, on pourrait coïncider avec le regard de Zeus en retrouvant, par un enchaînement sans faille, le présent périodique. A défaut d'y réussir, le sage se rabattra sur l'autre méthode, toujours à sa portée, qui tient en un contrôle rigoureux de ses représentations : ne pouvant *déployer* complètement le présent en le rattachant à la série universelle des causes, il se contentera de ne pas laisser son esprit en *déborder*. Ni dans le futur ni dans le passé, en se libérant de ses espoirs, ou de ses craintes, comme de ses regrets. Car, n'étant plus le temps d'agir, le passé est à abolir ; et, ne servant qu'à nourrir les passions, l'avenir est à négliger. Libère-toi de « la crainte de ce qui arrivera », ordonne Epictète [87] ; il faut « user du présent », répète à son tour Marc Aurèle, car il est le seul temps qui dépende de nous, le seul dont nous ayons l'initiative : « A chaque instant, applique-toi de tout ton soin [...] à faire ce que tu as sur les bras ». Le sage « se contentera de ces deux choses : accomplir l'action présente selon la justice et chérir le lot qui lui est attribué présentement » [88]. Bornons-nous donc au présent, ne regardons jamais au-delà ni non plus en arrière, faisons strictement barrage, en nous examinant scrupuleusement, à celles de nos représentations qui se rapporteraient au futur comme au passé. Car ce sont elles, et elles seules, qui du dehors nous apportent le trouble, et celui-ci est d'autant plus grand – elles font d'autant plus impression – que ce qu'elles représentent, n'étant pas actuel, jouit des prestiges infinis, parce qu'indéfinis, de l'irréalité : ce n'est là qu'un fantôme, mais dont nous sommes hantés. Bref, enfermons-nous dans ce présent et, pour ce, commençons par le « délimiter » pour y affirmer notre autonomie et sortir ainsi de la passivité à laquelle l'écoulement sans fin d'un temps subi nous condamnerait. A l'intérieur de ces frontières, dès lors qu'elles sont bien gardées, l'âme se tient à l'abri et n'est jamais dépourvue. C'est pourquoi cette action présente – le conseil suffit à lui seul –, on l'accomplira toujours comme si rien ne devait suivre, comme si c'était la dernière ; à l'inverse, la mort ne réclame aucune préparation : dans l'attente de la sentence que le Sénat doit prononcer contre lui, Agrippinus va faire son exercice quotidien, puis prendre son bain, « puisque l'heure est venue de le faire »...

Mais reste un arrière-plan métaphysique

Voilà donc que le caractère totalisant qui était traditionnellement attribué à l'éternité, les Stoïciens l'ont transporté *hic et nunc*, dans l'instant présent ; au lieu que le devenir demeure toujours imparfait, suspendu comme il était à la Forme - fin le définissant à son extrémité, toute distance se trouve désormais abolie, au sein de l'instant présent, entre l'intention et l'acte, la poursuite et la fin, de même que, dans le mouvement, entre la cause et l'effet. Dès lors qu'il y a parfaite coïncidence entre l'agent et son acte, il va de soi que l'étendue de l'un puisse aussi définir le présent de l'autre. Cependant, en dépit de la rigueur de cette équation, ou plutôt à cause d'elle, je ne vois pas que l'on puisse éviter plus longtemps de se demander – et cette question engagera toute la réflexion suivante : ce présent éthique du stoïcisme coïncide-t-il pour autant avec ce que nous avons pris sur nous, précédemment, un peu trop abruptement peut-être, de désigner comme l'enjeu du présent, mais que les Stoïciens ont effectivement en vue : la « vie » ? Remarquons d'abord qu'il n'est pas qu'« éthique ». Car on voit bien que, en dépit de la rupture qu'introduit son vitalisme à l'égard du point de vue éternitaire du plato-aristotélisme, le stoïcisme n'en garde pas moins quelque chose du présent éternel de la métaphysique : dans l'« extension » d'une période cosmique (*platos*), « toutes choses sont présentes à Dieu ». *Divinitati omne praesens* : l'enchaînement successif des causes qui ne nous est donné que dans la *temporis traductio* est perçu simultanément par Dieu, puisque coexistant au sein du présent périodique ; à l'arrière-plan du présent, et le fondant, un Dieu - cause, et même Cause unique, est donc nécessaire pour assurer la capacité du présent à totaliser. C'est lui qui, en dernier recours, à plus large échelle, entre naissance et conflagration du monde, justifie sa *distension*.

Ce présent ne s'obtient que par retranchement forcé

Cet adossement métaphysique n'est pas seul en cause, car, même en nous bornant à sa sphère éthique, nous constatons sans peine que ce présent stoïcien n'est pas exempt d'une certaine contradiction. Car, en même temps que le présent fait l'objet d'un impératif – il nous faut « user du présent » –, un tel impératif laisse ce présent étonnamment à distance. D'une part, en effet, et je crois même que c'est là la contradiction qui mine d'une façon irréparable la sagesse stoïcienne, le retour du normatif y est d'autant plus virulent, et contraignant, que, la « norme » ne commandant qu'une adhésion à l'être, tout, normalement, c'est-à-dire « conformément à sa nature », devrait venir à nous selon la seule immanence. Mais « efface » - « arrête » - « délimite » (« efface la représentation, arrête cette agitation de pantin, délimite le moment présent... »[89]). De fait, ce présent stoïcien n'a de consistance qu'en murant et par retranchement –, *mais* ni l'agir ne se limite à l'injonctif ni la vie non plus à l'agir : dans ce présent, dont la seule « fin » est d'accueillir l'immanence, l'immanence toujours est raidie ; pour accéder à ce qui vient de soi-même, à quoi donc il suffirait de s'ouvrir, il faut en passer par les rigueurs et l'ascèse d'une injonction sans fin.

Ce présent est détaché de soi

D'autre part, ce présent qui nous sert d'impératif ne nous concerne, à vrai dire, pas vraiment. Agir *mais tel un acteur*, recommandent les Stoïciens, comme si l'on jouait... Tel l'acteur, en effet, je ne suis responsable, dans ma vie, ni du rôle qui m'est confié ni du temps dont je dispose pour le jouer, il suffit que mon jeu soit parfait à chaque instant : le jeu de l'acteur est bien l'image d'une action qui se justifie par son autotélisme – à considérer indépendamment, par conséquent, de la cause extérieure qui l'occasionne – et sans qu'il y ait à avancer ni projet ni visée. Je joue mon rôle seulement pour le bien jouer, en m'appliquant à chaque nouvel instant présent et tant que j'ai à le jouer. Mais, tel l'acteur aussi, le sage, pour isoler complètement ce présent, se doit de ne pas être solidaire de son personnage qui, lui, serait toujours tenté de déborder de son présent, en direction du futur ou du passé, par ses espoirs ou ses regrets : il reste extérieur à ce qu'il joue, et donc aussi au présent qu'il joue. Ce personnage est d'emprunt et ce présent, dans sa matière, « indifférent » ; il s'agit d'un présent *formel*, dont la forme, répétitive, est le moule de l'obligation. Le « thème » de ce présent circonstanciel peut, en effet, brusquement changer, le sage change alors de rôle, de bon gré, il ne doit pas y être plus attaché dans la vie qu'on ne l'est au théâtre. Son agir définit bien un présent, mais il considère aussi celui-ci comme un spectacle ; ce présent lui est bien un devoir, mais celui-ci n'est pas sans supposer un certain dédoublement intérieur. Car si le sage s'applique effectivement à ce présent, pour y bien jouer, et coopère à l'événement, voire trouve sa joie à y adhérer, il n'empêche que, retiré qu'il est dans sa citadelle intérieure, son principe « hégémonique » n'y est pas impliqué ; il ne s'y investit pas, dans son « moi », en tant que sujet.

Où commence, où finit un « acte » ?

On pourrait enfin se demander si un acte est effectivement en mesure de « délimiter » : un acte, autrement dit, est-il suffisamment circonscrit pour temporaliser du présent ? Car où commence, où finit un acte ? Découpe-t-il rigoureusement du temps ? A-t-il bien un point de départ et un point d'arrivée, et est-il suffisamment autonome, et consistant, pour posséder une unité ? Bref, je me demande si le pouvoir de *distension* entre début et fin, que lui attribuent les Stoïciens, est bien justifié. Certes, le présent de la promenade, dit Chrysippe, est « quand je me promène » ; mais cette promenade, je l'ai désirée, et donc, dans une certaine mesure, prévue et devancée, et c'est pourquoi je suis parti me promener ; elle avait déjà commencé par mon attente comme elle reste dans ma mémoire. Un « acte » déjà est dans l'autre – il faut distinguer l'acte du geste –, il est toujours dilué. La conduite, elle aussi, s'entendrait donc plutôt en termes de *procès* : moins en termes d'instant (délimitable) que de séquence (par *transi-*

tion continue) ; ou moins en termes d'« action » proprement dite que de latence et d'« actualisation ». Quand est-ce que j'écris, par exemple, « écrire » étant bien pris pour un acte ? Quand je m'assois à la table et prends la plume ? Mais alors, dans cet abrupt, je n'ai plus rien à écrire, ce geste est déshabité. Je n'aurais rien à écrire si je n'avais commencé implicitement à le faire en dormant, ou quand je me suis promené.

Le présent se définit subjectivement par l'attention à (Augustin)

3. Pourrait-on donc ouvrir un présent et « s'ouvrir » à lui – commençons par le dire ainsi, de façon nue, ou si peu figurée –, et lui trouver consistance, par conséquent, autrement qu'en l'enfermant dans son corset stoïcien ? Autrement que par un effort de la volonté et sur le seul mode de l'impératif ; sans plus maintenir la distance intérieure exigée par l'indifférence de ses « thèmes » offerts ; sans l'isoler arbitrairement, non plus, en le bornant scrupuleusement et le coupant, comme d'un danger, de tout futur comme de tout passé... « S' » ouvrir, disons-nous : l'extension conférant consistance serait à chercher, non plus dans la distension temporelle, mais en soi-même, dans la disposition intérieure – Augustin l'essaye. Pour sortir le présent du flux incessant qui l'emporte, il le définira, non par l'action, mais par l'« attention ». Or, pour cela, il lui a fallu tourner la pensée vers un nouvel avenir ; pour la sortir de l'impasse dans laquelle l'enfermait la question du temps, il lui faut ouvrir une autre perspective et faire franchir un pas, décisif, à cette figure encore largement inconnue, mais qui orientera tout le cours ultérieur de la philosophie : celle du Moi-sujet.

Distentio animi : la distension temporelle est de l'esprit

L'analyse, pourtant, repart des arguments cent fois répétés. Le passé et le futur ne « sont » pas et le présent n'est qu'un point, il est à peine : ce ne sont pas cent années qu'on peut dire d'un coup « présentes », mais seulement une année, mais seulement un mois, mais seulement un jour, mais seulement une heure, etc. ; « et cette heure elle-même s'écoule par fragments fugitifs » (*fugi-*

tivis particulis, *Confessions,* XI, 15) : « Si l'on conçoit un point de temps – *quid temporis* – tel qu'il ne puisse être divisé en particules d'instant, si petites soient-elles, c'est cela seulement qu'on peut dire présent ». Car, s'il s'étendait, il se diviserait du même coup en futur et passé –, son existence est limite. A l'évidence, cependant, nous mesurons le temps : c'est donc qu'il a une étendue, le temps est bien une « distension ». Mais je ne mesure ni l'avenir : puisqu'il n'est pas encore ; ni le présent : puisqu'il n'a pas d'étendue ; ni le passé : puisqu'il n'est plus. Cette distension, qui ne peut être « dans » aucun temps, ne peut être que *de* mon esprit : c'est une *distentio animi*[90]. Les trois temps demeurent dans leur séparation, mais en tant qu'opérations présentes de l'esprit : le présent du passé est la « mémoire », le présent du présent est l'« intuition avec », le présent de l'avenir est l'« attente »[91] – *memoria, contuitus, exspectatio*. Ou, dans l'ordre inverse, l'esprit attend - il est attentif à - il se souvient (*exspectat, attendit, meminit*). Parce qu'il reste pris dans la pensée de l'être, qu'il ne sort pas, non plus, de la séparation tranchée des trois temps de la conjugaison : passé / présent / futur, celle que « nous avons apprise étant enfants » et que « nous enseignons nous-mêmes aux enfants », bref, tenu qu'il est à la fois par la grammaire et l'ontologie, Augustin ne peut localiser la mesure de la durée – la seule question qu'on ne peut, reconnaît-il, remettre en question : *quamdiu* ? – dans ce qui serait le déroulement des processus ; c'est pourquoi il est conduit à subjectiviser le temps, tranchant ainsi la question qu'entrevoyait *in fine*, mais se gardait d'explorer, Aristote : le temps, « nombre » du mouvement, existerait-il si l'âme n'était là pour le nombrer[92] ?

Mais le présent n'est que le point de passage du futur en passé

Augustin est alors confronté au statut ambigu du présent. D'une part, en effet, la logique ontologique conduit à considérer que le passé et le futur n'existent eux-mêmes qu'au présent (en tant que représentations de mon esprit) : plutôt que de dire qu' « il y a trois temps : le passé, le présent, le futur », mieux vaudrait dire, en corrigeant, que ces trois temps sont le « présent du passé », le « présent du présent », le « présent du futur ». Mais, de l'autre, la logique de la *distension*, qui commande la pensée du temps, porte à privilégier les deux temps (termes) extrêmes, futur et passé, point de départ et d'arrivée (le temps *vient* « du » futur et *va* « dans » le passé), au détriment, par conséquent, de ce qui serait une *transition* continue. A quoi conduit inévitablement le retour de la notion d'intervalle, qui sous-tend la pensée du « temps » : « car c'est précisément l'intervalle qui sépare un commencement d'une fin que nous mesurons ». Le présent, comme le temps lui-même, n'est dès lors qu'un entre-deux ; aussi, au lieu de valoir pour elle-même, l'*attention présente* ne sert-elle qu'à « faire passer » l'avenir dans le passé (*dum praesens intentio futurum in praeteritum trajicit*). « Le passé s'enrichissant de ce que perd l'avenir », précise Augustin ; le présent, en bref, ne sert qu'à transvaser le futur dans le passé. « De sorte que ce qu'on attend, à travers ce à quoi on est attentif, passe dans ce dont on se souvient » : le présent n'est pas un temps « où », mais un temps « par où », « à travers où » (*qua*). Simple « point » de passage, en somme. Si bien que, même si l'attention présente est en mesure de durer (*perdurat attentio*), la distension par laquelle est pensé le temps réduit en fait ces temps à deux, les deux pôles du futur et du passé : « la vie de cette action-ci qui est la mienne se distend (*distenditur*) en mémoire d'une part, en raison de ce qui est déjà proféré, et en attente de l'autre, en raison de ce qui va l'être »[93]. Entre eux deux, le présent ne peut être pensé que comme une traversée (*trajicitur* : un « trajet ») « de ce qui était futur » « afin que (de sorte que) cela soit passé ».

Au lieu d'être l'« allant-venant », se renouvelant, du procès

Une pensée de la transition processive aurait exigé, quant à elle, par différence avec la distension temporelle, qu'on ne pense plus comme deux bords, points de départ et d'arrivée, « futur » et « passé ». Surtout, elle aurait impliqué qu'on oriente les choses à l'envers ; ou, pour être plus rigoureux – et c'est même là ce qui change tout – qu'on se garde d'*orienter* les choses : au lieu d'aller « du » futur « vers » le passé, un processus se déploie et se renouvelle à partir de ce qui est engagé ; il avance mais sans aller *vers*, il est sans destination. C'est là, à nouveau, qu'un détour par la Chine nous fait sortir de ce qui s'est bien constitué, depuis Augustin, comme un pli invétéré de notre esprit, et nous permet donc de lire, par écart, sous l'évidence selon laquelle apparaît la pensée, un choix enfoui, autrement dit un parti pris. Selon la formule chinoise qui dit le monde en tant qu'il dure, en effet, « le passé s'en va - le présent s'en vient ». Rien de plus, la formule est tendue par son parallélisme (c'est lui, on l'a dit, qui structure la phrase et la pensée chinoises), ce présent-venant étant ce qui fait pôle face au passant-passé : il n'y a pas là de « futur », comme troisième terme, terme à part et lieu d'origine, ou, à l'inverse, d'aboutissement (le « progrès » : cette idée d'un progrès – tourné vers, tendant à – que les Chinois ont dû précisément, à la fin du siècle dernier, emprunter à l'Occident) ; mais il y a seulement cet « à-venir » continu, purement verbal, dont le présent est gros. « [Le / du] présent vient » (*jin-lai* : il n'y a pas d'article en chinois). Répondant au « s'en aller » du passé et le remplaçant, sans qu'il y ait rien à ajouter, ni à border, de cet « allant » - « venant » permanent. Car s'il était compris, c'est-à-dire à la fois enserré et conçu, entre ces deux bouts, futur et passé, point de départ et d'arrivée, ce « vient » ne saurait effectivement venir, telle une « source inépuisable », dans son *actualité* renouvelée (cf. Mencius glosant l'exclamation de Confucius devant ce renouvellement[94]).

Augustin conclut : le seul présent est en Dieu

C'est ce que confirme *a contrario* l'exemple privilégié d'Augustin pour penser l'expérience subjective que nous faisons du temps, et sur lequel il revient en conclusion[95] : celui d'un air connu que je chante ou que j'entends chanter. Au fur et à mesure que le chant avance, « plus l'attente s'abrège et plus le souvenir s'accroît », dit seulement Augustin ; l'attention, quant à elle, n'est plus mentionnée, elle a définitivement disparu et, par conséquent aussi, la présence au présent. Ce qui se comprend fort bien puisque – Augustin a pris soin de le préciser – il ne s'agit pas en l'occurrence d'un air nouveau – inédit, inouï – mais d'un air « connu » ; et que ce qui vaut pour l'air pris dans son ensemble vaut aussi bien, par un emboîtement conséquent, en plus petit, pour chacune de ses parties, comme, en plus grand, pour la vie entière de l'homme ou de l'humanité. La vie, pour Augustin, est un *air connu* ; c'est pourquoi, en définitive, elle ne saurait retenir l'attention ; et que celle-ci, et le présent avec elle, ne peuvent compter pour eux-mêmes. Car *à quoi* être « attentif » ? Le son, au moment même où il retentit, n'étant plus attendu, n'intéresse plus ; ne donnant rien à découvrir, il est déjà tourné vers le passé auquel il est destiné. Entre « l'attente des sons futurs » et « le souvenir des sons passés », il ne pourra, en effet, jamais arriver rien d'autre si ce n'est, seulement, que notre « affect » est « varié » et que notre « sens » est « distendu » (*variatur affectus sensusque distenditur*). Au terme de la méditation augustinienne, la *dis*-tension par laquelle était pensé le temps se révèle, en fin de compte, n'être qu'une *dis*-persion ; elle ne pourra être compensée, ou plutôt renversée, que par une *in-tention*, comme tension intérieure (*intentio : non secundum distentionem, sed secundum intentionem*) se déployant elle-même, à partir de ce recueillement, en « extension » (*non distentus sed extentus*) qui ne soit plus du temps, cette fois, mais de l'âme s'ouvrant à « Dieu » : « s'ouvrant » bien, effectivement, mais non au présent de sa vie – elle s'ouvre à la « présence » de Dieu. Le présent, perdu dans la dissipation du temps, ne se récupérera qu'en Dieu : dans cet « où » véritable (*ubi*) où l'on entend, non plus un air connu, mais « ta louange », ce présent total où rien « ne passe »[96], où le bel « aujourd'hui » est Ton éternité.

L'option métaphysique : seul le présent existe (Schopenhauer)

4. Je ne vois guère que deux façons possibles, à partir de là, et pour la philosophie à venir, de trouver une pertinence au « présent ». Soit en l'imposant, d'une autorité métaphysique, et donc en l'adossant au présent éternel. En considérant que le temps, avec ses trois temps et son ordre relatif de succession, n'est qu'un produit de notre représentation servant à enchaîner causalement l'état changeant des choses et n'a, par conséquent, d'existence que phénoménale ; et en lui opposant un « en soi », non plus relatif mais absolu, échappant au temps ou plutôt ignorant le temps, et dont la manifestation de la réalité ne peut être qu'un constant présent. Qu'on l'appelle Dieu, ou l'Etre, ou encore la Volonté (Schopenhauer). En ce cas, seul le présent existe, il existe toujours ; il revêt tous les caractères de l'absolu à partir duquel il est conçu. Cet en soi étant la volonté, dit Schopenhauer, celle-ci a pour propriété la vie, et la vie le présent. Vivre au présent ? — Mais on ne vit – on ne peut vivre – qu'au présent. On ne peut que vivre au présent : les individus eux-mêmes, apparaissant-disparaissant, naissant et mourant, ne sont qu'une illusion du « temps », tandis que ce présent de la vie, en nous comme dans la nature entière, est permanent. « Car, aux yeux des empiristes, conclut Schopenhauer, le présent est fugitif. Mais, pour le métaphysicien, qui voit par-delà les formes de l'intuition empirique, il est la seule réalité fixe, le *nunc stans* des scolastiques »[97] : tel l'« écueil » contre lequel « le flot du temps se brise », mais sans l'« emporter ».

Ou la description phénoménologique : le présent possède un « halo » de durée

Si l'on se refuse, en revanche, à ce coup de force métaphysique, il ne reste d'autre voie, en s'attachant au plus près de l'expérience phénoménale, que de déceler les conditions de possibilité, dans l'« intimité » de la conscience, d'un présent de la perception. Cela en revenant précisément à l'« attention » durante d'Augustin (*perdurat attentio*) ; en se fondant sur cette *intentio* par laquelle l'esprit – en se tournant « vers », se faisant conscience *de* – temporalise un présent coextensif à l'objet visé ; en réécoutant l'air de musique, mais sans plus supposer désormais qu'il soit connu, sans plus donc « traverser » aussitôt le son perçu, mais en réexaminant au plus près comment continûment, par dégradé, il s'enfonce peu à peu dans le passé. Certes, on conviendra, encore et toujours, que le présent, en lui-même, est un point limite, mais celui-ci désormais est envisagé comme « à la lisière » d'une extension temporelle ; et, ses frontières d'avec le futur et le passé n'étant plus étanches, on le découvrira entouré comme d'un « halo » de durée.

L'intention présente s'étend en protention et rétention (Husserl)

Les sons successifs de la mélodie perçue, en effet, a montré Husserl en des analyses décisives[98], tombent à l'intérieur d'un seul et même acte d'appréhension : non que les sons soient entendus simultanément, ou que le son précédent subsiste dans le son suivant, mais parce que l'intention qui constitue l'acte de conscience s'étend en « protention » d'une part, en tant qu'attente des sons à venir, en « rétention » de l'autre, comme conscience, demeurant actuelle, du tout juste passé ; à l'impression inaugurante s'attache ainsi continûment le souvenir primaire de la rétention comme passé immédiat de la perception (et se distinguant, en ce sens, du souvenir secondaire la représentant à nouveau) : si bien que, tandis que le présent de son se change en passé de son, la conscience impressionnelle « passe », en « coulant » continûment, en conscience rétentionnelle toujours nouvelle, se changeant, continûment aussi, en rétention de la rétention, et maintenant – dans le « main-tenant » de la conscience perceptive – jusqu'à l'achèvement de la mélodie, tous les sons écoulés.

Dans cet acte perceptif temporellement étendu, puisque s'étirant en « queue de comète », traînant « accroché » à lui du passé, se découvre une « épaisseur » qui conférerait sa consistance au présent. Ce qui n'a été possible que par une modification radicale des perspectives, qu'apporte la phénoménologie et qui seule permet de pousser plus loin les analyses engagées par Augustin. Elle a contribué à modifier en profondeur la conception, non seulement de la perception, dont le phénomène déborde désormais l'instant en intégrant le « tout juste passé », mais aussi de l'« acte », en tant qu'acte de visée intentionnelle, envisagé désormais en termes de « phases » et comme un « continuum ».

Mais cette épaisseur du présent reste dépendante d'un objet temporel

Pensant le phénomène de l'« écoulement », prêtant attention par conséquent à « ce continuum unique d'appréhension se modifiant en permanence », autrement dit à la « continuité de mutations incessantes » formant « une unité indivisible », Husserl s'est clairement détourné de la distension temporelle conçue traditionnellement sous le règne de la Fin ; discernant dans le « maintenant » l'unicité d'un maintien et d'une ouverture, à la fois modification et continuation, pour reprendre les termes chinois, il s'est tourné du côté de la pensée du « passage » et de la transition continue. Reste que l'épaisseur qu'il découvre au présent n'est pas détachable, dans son analyse, de l'activité particulière de la perception, qu'elle reste par conséquent dépendante de l'objet temporel visé (*Zeitobjekt* : ici, la mélodie) et que c'est l'extension temporelle immanente à celui-ci qui définit, par son laps de temps, l'extension du présent de la conscience ; cette « épaisseur » du maintenant, d'un seul tenant, concerne bien la perception comme expérience originaire, voire comme origine de toute expérience, mais non ce qui ne peut s'entendre toujours que globalement, dont la globalité est même ce qui toujours nous dépasse, et qu'on ne peut nommer autrement que – j'y fais retour : la « vie ».

Une « attention à la vie » ? (Bergson)

Le phénomène de l'« attention », tel qu'avait commencé de l'analyser Augustin, pourrait-il affranchir de ces limites ? D'une part, en sortant de la dépendance à l'égard de l'objet temporel par l'initiative de l'esprit se rendant activement présent aux choses (déjà Descartes : « J'appelle claire la connaissance qui est présente et manifeste à un esprit attentif[99] ») ; en élargissant, d'autre part, le champ d'activité de la conscience au-delà de la perception proprement dite, sur le mode d'une tension vers, « auprès », (*ad-tentio*) qui ne soit plus spécifique : celui d'une « attention à la vie », dit précisément Bergson[100]. Car l'attention elle-même est en mesure de durer, avait noté Augustin, elle est temporellement extensible : « Mon présent, en ce moment, poursuit Bergson, est la phrase que je suis occupé à prononcer », mais il « pourrait embrasser », outre ma dernière phrase, « celle qui la précédait » ; je pourrais même « tenir sous mon regard », et donc maintenir présent, tout ce que j'ai vécu précédemment ; de là à extrapoler : « Une attention à la vie qui serait suffisamment puissante, et suffisamment dégagée de tout intérêt pratique, embrasserait ainsi dans un présent indivisé l'histoire passée tout entière de la personne consciente ». « Pourrait », « embrasserait »... Il ne s'agit là, et c'est sur quoi bute Bergson, que d'une extensibilité de principe, indéfinie, et celle-ci ne devient effective que sur le mode précis de la perception, quand c'est l'objet perçu qui, transcendant la conscience, impose un cadre défini à son extension temporelle et la *maintient* attentive ; aussi, pour sortir le présent de l'isolement de l'instant, Bergson en revient-il finalement, comme Husserl, au seul exemple possible de la mélodie perçue.

Vivre ne se vit pas *entre* début et fin

5. Si hâtif, et même cavalier, qu'ait été mon parcours parmi ces références – établies s'il en est ! (quelle ténacité aussi, et combien l'intelligence parvient effectivement à creuser, dans ce relaiement passionné pour sortir de l'impasse et nous ouvrir du « sens » : en suivant la question du temps, ces analyses découvrent la contradiction féconde, le tragique, la subjectivité...) –, j'y vois là, déjà, de quoi reformuler plus amplement, en acquérant du recul, la logique du « vivre » par rapport au « temps » : « vivre » ne saurait s'entendre au présent, peut-on en conclure, puisque ne pouvant cadrer d'aucune façon avec lui – ni « au » ni « dans ». Car, à moins qu'on ne lui confère d'autorité un statut métaphysique (mais alors il verse hors du temps), le présent n'a de consistance, comme le temps lui-même, que par et dans une extension temporelle. Celle-ci à la fois le distend et le limite : il lui faut début et fin qui le *maintiennent*, il ne serait sinon qu'un fugitif instant. Tel ce présent que la phénoménologie sort de l'instant-limite en le découvrant maintenu par l'acte perceptif s'étendant des premières aux dernières notes de la mélodie perçue ; mais, à la différence de l'acte perceptif, voire de l'acte tout court, vivre ne se découvre, ni ne se confère, d'étendue limitable : aucun *diastema* possible. Vivre est sans extrémités assignables, début et fin, et si « dates » il y a – *data* –, celles-ci lui sont seulement « données » du dehors. Autrement dit, vivre, en soi, est sans bords : à aucune échelle, vivre ne se vit comme un « trajet » – *d'*ici *à* là ; vivre *en soi* est sans bornes : même à ses extrêmes, la naissance et la mort n'en sont pas.

Vivre / une vie

Encore faut-il distinguer entre ces perspectives : entre « vivre » et « une vie ». Car celle-ci, telle qu'elle se laisse enfin considérer du dehors (ou ma vie, si je la considère déjà du point de vue des autres : achevée, en tout cas, objectivée), se déroulant entre ses deux termes, la naissance et la mort, se définit bien par une extension temporelle – on peut mettre là deux dates comme sur une tombe. Vivre, en revanche, si c'est bien de l'intérieur même du vivre qu'on l'envisage, non seulement est sans recul, mais aussi sans distension possible. C'est même là ce qui définirait *la* vie. On ne vit, pas plus qu'on ne vieillit, entre sa naissance et sa mort (ou sa jeunesse et sa vieillesse), points de « départ » et d'« arrivée » (*ek tinos - eis ti*) : on ne vit pas *entre*, à proprement parler, ni sa vie comme un « intervalle ». Car ma naissance échappe à ma conscience, elle ne peut me servir d'origine (mais seulement aux yeux des autres, ou de moi si j'en « crois » les autres) : si loin que je me retourne en arrière, je ne me « vois » pas de début, ou de départ, à ma vie ; pour moi ma vie, se dégageant nébuleusement de ma mémoire, n'a jamais proprement « commencé ». De même, ma mort achève ma vie (aux yeux de ceux qui la constatent) et, pourtant, ce terme lui reste étonnamment extérieur, il n'y est point intégrable. Non pas tant parce qu'on ne sait pas quand on va mourir, mais parce que, comme terme définitif, il est étranger à la perspective que ne cesse d'engendrer la vie, vivre, dans son principe, impliquant la continuation ; et ne laissant donc envisager de fin que sur le mode arbitraire – incongru – d'une interruption. N'a-t-on pas toujours remarqué, et Schopenhauer encore, que, si l'on se sait mortel, on n'est pas *en mesure* de l'envisager ? Non point par peur de la mort, ou parce que la mort serait contraire à la vie, mais simplement parce que vivre, tel qu'il se laisse envisager, est un phénomène illimité, débordant, et qui *appelle* à se perpétuer (d'où les continuations diverses qu'on s'en est imaginées : par la survie de l'« âme », par la postérité des enfants, etc.).

Le temps, comme distensionnel, demeure en surplomb par rapport au vivre

Vivre, en soi, ne se connaît donc d'origine ni de fin, encore moins au « quotidien ». Cet « en soi » ne s'entendant point métaphysiquement, bien sûr, mais, au contraire, par la conscience – ou plutôt le sentiment – jamais complètement dicible, qu'on en prend « intuitivement », tel que nous le disons par convention, « vivre » étant ce vis-à-vis de quoi nous avons le moins de pouvoir réfléchissant, et même vis-à-vis de quoi notre distance réflexive est nulle. Si vivre ne cesse de dessiner un avant et un après, ceux-ci ne cessent aussi de pouvoir s'enfoncer (dans ma mémoire ou mon projet), ils ne bornent ni ne délimitent de complet horizon. Vivre est sans fond, d'aucun côté. Ce qui revient à reconnaître que, si une vie, telle qu'on la raconte, ou ma vie, après ma mort, est de l'ordre du distensionnel, donc est extensionnelle aussi, vivre en soi est *transitionnel*. Par où se rejoint, mais d'un autre bord, non plus mytho- mais phénoménologique, ce que nous avons déjà noté de la transcendance, inévacuable, caractérisant la pensée du temps : le distensionnel relève d'un point de vue transcendant, le « mesurant » (celui qu'on porte sur « une vie », comme on le porte sur le mouvement) ; tandis que le transitionnel est le mode immanent. « Vivre », en conséquence, ne s'entendrait pas sous l'horizon du Temps ; en introduisant une distension, formant intervalle, le « temps », jusque dans son présent, demeurerait inéluctablement en surplomb par rapport à la vie.

« Vivre à propos »

6. « Vivre à propos », suggère Montaigne au terme des *Essais*[101]. En une formule indépassable et qui vaut conclusion : « Notre grand et glorieux chef d'œuvre, c'est vivre à propos ». La formule est de conclusion, en tout cas de substitution : « à propos » vient y remplacer « au présent ». Discrètement, au débouché du plus long périple d'un moi s'analysant dans sa vie, la formule de Montaigne réussit cette opération majeure : mettre entre parenthèses le « temps » ; elle affranchit la vie de la perspective, culturellement obsédante, de la traversée, partant, de la question du sens de cette traversée et de son aboutissement (l'« absurde », ou le « mystère », etc.). « Vivre », enfin, ne se voit plus indexer sur le temps : plus de point sur la ligne, plus de ligne du temps... Car on a assez abstrait son cours pour le rendre – indéfiniment – divisible ; puis tiré sur l'ins-tant, à l'inverse, pour le rendre – existentiellement – extensible. Or, « vivre » s'entendrait, finalement, en envisageant d'une tout autre façon son déploiement : par coïncidence avec chaque moment particulier, quel que soit celui-ci, et dans la transition ininterrompue de l'un à l'autre. « Quand je danse, je danse ; quand je dors, je dors ;... », avait annoncé précédemment Montaigne en une formule qui dirait au mieux l'intimité de cette coïncidence, se renouvelant sans cesse, en quoi se résumerait la sagesse : ces moments variant intrinsèquement ne sont plus à tenir pour des *laps* (de temps), mais chacun est une « occasion », et vivre ne s'entendrait pas autrement, n'aurait pas d'autre morale (mais qui justement nous dispense de la morale), qu'une égale *ouverture* à leur continu avènement.

Coïncidence, qui fait la sagesse

Précisons : qu'est-ce qui, distinguant l'« à propos » du présent, se joue dans cet écart et le rend décisif ? Qu'est-ce qui fait que je puisse « vivre à propos », mais non point « vivre au présent » ? Autrement dit, qu'est-ce qui, si discrètement mais aussi radicalement, d'une formule à l'autre, soudain se désaxe ? L'un « *est* devant » (*praesens*) et l'autre, « posé » (placé) « devant » (*propositum*) – commençons donc par le dire ainsi, dans une langue encore trop disjonctive (sujet-objet...), gourde, hélas !, parce qu'inassouplie : ce « proposé » est « offert » par la situation, se révélant occasion ; et c'est à lui, réciproquement, qu'on est « ouvert », par sa propre disposition. Au lieu de porter impliqué en lui le déroulement du temps

Situation - disposition

dépliant à l'infini l'horizon (et d'être en proie à la menace de son écoulement, etc.), ce *proposé* se replie en une configuration propre, formant chaque fois paysage, dont la justification naît d'elle-même et dont le principe, en creux, est qualitatif. Aussi, faisant brusquement sortir du rapport à l'être, comme du point de vue de la mesure et du quantifiable, il va de soi que cet *à propos* dissout, mais non pas résout, tous les problèmes évoqués, et qui tenaient la philosophie dans leur étau – mais aussi dans un suspens passionnant, vertigineux grâce à l'énigme (le futur et le passé ne « sont » pas, le présent n'« est » qu'une limite, etc.). Ou, plutôt, il suffit à en détourner. Car cet « à propos », non pas fait l'objet d'un constat, mais *appelle un accord* ; il n'a en vue aucune stabilité, mais induit en passant, et cet *en passant* est principe, non de fuite, mais de renouvellement. Réentendons ce que la langue, et surtout la conversation, variant librement comme elle fait, laisse entendre de lui, et qui fait son jeu propre. On peut dire aussi bien : « à propos de » (relativement alors à) ; « à tout propos » (à tout moment) ; « à propos », comme formule de transition (« A propos, il faut que je vous dise... ») ; « bien à propos », « si à propos », « hors de propos », etc.

Retour au moment saisonnier

« Hors de propos » : « hors de saison ». Me voici ainsi reconduit vers la pensée chinoise, elle qui, n'ayant pas pensé le « temps », nous sort d'emblée du surplomb auquel celui-ci nous contraint vis-à-vis du vivre et des processus. Cela, en vue d'essayer de mieux décrire et déplier cet « à propos » et, en passant par la Chine, d'y chercher, non des leçons (elle aussi a ses points aveugles, son impensé...), mais un biais pour revenir sur ce qui se laisse toujours déjà recouvrir par l'appareil de la phrase et qu'on n'entrevoit qu'à peine, de façon figée, pliée, corsetée, comme notre « expérience ». Le chinois aussi a son appareillage, mais le vis-à-vis, au moins, remet du *bougé* ; s'y découvrent aussi des intelligibilités que nous n'avons pas méconnues (cf. Montaigne), mais que notre outillage théorique était moins porté à développer. Car le problème, en définitive, est bien là : y aurait-il un autre accès à l'immanence – disons-le dans les termes de la philosophie – que n'aurait pas frayé, et même à côté duquel serait passée, attachée qu'elle était à la pensée du temps, ce qu'il nous faut bien reconnaître dès lors comme étant la *tradition* philosophique ? Pour commencer d'y répondre, il nous faut en revenir à la notion chinoise du « moment » (*shi*), pensé à la fois comme saison et comme occasion, en vue de définir une adéquation qui soit celle, non de la connaissance, mais du vivre et de la conduite. Car voilà peut-être qui ferait clivage, effectivement : le présent, éminemment problématique, appartient à la philosophie et la suscite ; l'« à propos » a fécondé la sagesse.

Le présent de la philosophie et l'à propos de la sagesse

« De la sagesse », il « est le moment »

Quand, dans l'Antiquité, Mencius dresse une typologie des sages, il range d'un côté les « purs » ou les « intransigeants », ceux qui n'accepteraient jamais de se souiller pour venir en aide au monde ; et, de l'autre, les « accommodants », ceux qui ont pu accepter de se salir les mains pour le bien du monde. Mais que dire de Confucius ? De quel côté ranger le sage ? Mencius n'a qu'un mot, mais ce seul mot m'est apparu résumant l'essentiel de la pensée chinoise, et je n'ai cessé de tourner autour, à vrai dire, tous ces temps passés. Car ce mot ne dit quasiment rien, mais à sa façon il dit tout – comme l'« à propos » de Montaigne. « De la sagesse », dit Mencius, Confucius est le « moment »[102]. La formule suffit à dissoudre la disjonction morale, « bien » ou « mal », parce qu'elle la déplie *selon les moments*. Aussi intransigeant que les plus intransigeants quand il le faut, le sage est aussi accommodant que les plus accommodants quand il le faut également. « Quand il convenait de s'engager, il s'engageait ; et quand il convenait de se retirer, il se retirait... » : ce qui définit le sage, aux yeux des autres, est qu'il épouse l'*opportunité* du moment. Confucius d'ailleurs le disait déjà de lui-même, s'exceptant de tous les différents sages – des intransigeants, ou de ceux qui ont transigé, ou même de ceux qui se sont retirés du monde justement pour s'accorder à ce que les circonstances exigeaient (eux aussi font partie d'une catégorie, même si c'est celle de la variable et de la conciliation) : « je suis différent d'eux tous », car « il n'y a rien que je puisse ou que je ne puisse pas » (qui, pour moi, convienne ou ne convienne pas [103]). Ce qui définit le sage, à ses propres yeux, est qu'il est *disponible*, dirons-nous, ne se figeant dans aucune position, ne rentrant dans aucune catégorie, y compris celle des vertus ; car même les vertus trahiraient un manque puisqu'elles constituent autant de fixations, relativement exclusives, qui nous privent de notre capacité indéfinie d'évolution, et donc aussi d'adaptation – commençons par ce terme, mais lui aussi est trop raide – à l'exigence du « moment ».

Opportunité et disponibilité

Cet accès possible à l'immanence, frayé à partir du « moment », et non plus en rapport au présent, je proposerai donc de le déplier par ces deux bords : opportunité *et* disponibilité. Les deux termes forment couple et disent conjointement l'à propos, sans coupure par conséquent entre ce qui serait les sphères de l'objectif et du subjectif (puisqu'on veut dire la con-gruence –, le temps, lui, est pris de l'un ou l'autre côté : objectif / subjectif, Aristote - Augustin). Non seulement l'un est le corrélatif de l'autre mais, dans l'un, on entend l'autre : il n'y a d'opportunité que si l'on sait accueillir, d'offert que si l'on est ouvert ; comme il n'y a de disponibilité qu'à l'égard d'un opportun ; l'un dit ce qui « vient » (*ob* : à la rencontre) et l'autre ce qui « s'ouvre » (*dis* : le déploiement) : d'une part, ce qui vient y vient comme à son « port » et, de l'autre, ce qui s'ouvre le fait sans raideur, parce que sans s'être laissé river, et scléroser, par aucun moment ou disposition antérieurs.

Reconnaissons cependant que ces deux notions n'ont guère connu, chez nous, de destin philosophique. Si l'« opportunité » est une notion ancienne, l'*eukairia* des Grecs, elle ne s'est guère développée au-delà du stoïcisme : cet opportun, qui vient à nous, ne cessant de changer de visage, sa notion était trop variable, dans son principe, pour qu'on puisse espérer en bâtir un système. Quant à la disponibilité, elle reste entachée de subjectivisme, le « je » s'y faisant plaisir à lui-même en clamant s'être « libéré », et le pis, c'est qu'il est « sincère »... ; en français, c'est un terme gidien (cf. *Les Nourritures terrestres* : « je disais que toute nouveauté doit nous trouver toujours tout entiers disponibles... »). Or, il en faut plus, et d'abord dans la langue, pour sortir des exclusions, et surtout des raideurs, de la morale. Et, pourtant, on use fréquemment des deux, et même on ne saurait s'en passer : « Saisissez l'opportunité », « rendez-vous disponible »... Mais, justement, on en use comme de termes courants : dont on se sert en passant, sans vouloir s'y arrêter, sans donc qu'on les crédite d'aucune tenue théorique, sans qu'on en attende, par conséquent, aucune issue philosophique. A moins que, les abordant et les travaillant du dehors, à travers d'autres cohérences, on ne découvre enfin des conditions de possibilité à leur consistance ; et que, construisant l'un et décapant l'autre, on ne refasse droit, dans la pensée, à ce que leur usage, du sein même de la « vie », ne laissait d'exprimer.

Ce si familier, si courant, qu'on ne pense pas

V — OPPORTUNITÉ DU MOMENT

Moment - occurrence - occasion

1. La pensée chinoise laisserait donc voir ceci servant d'appui pour un nouveau départ : la pensée du *moment* (*shi*) ne se laisse pas ranger sous la pensée du temps ; loin d'en être un élément constitutif, ou tout au moins un discriminant (à défaut d'en être un composant : tel l'instant), le moment induit un autre point de vue et participe d'un autre choix de la pensée : une ligne de démarcation se fait ainsi jour, un point de clivage apparaît, sur lequel appuyer le levier pour remettre en mouvement et *bouger* la question du temps. Car ce qu'a opéré de décisif, comme aussi de définitif, le concept de temps est qu'il a absorbé en lui, condensé et circonscrit, et par conséquent isolé, la pensée du « passage ». Qu'il serve ainsi de « lieu » propre au devenir est ce qui a permis, parallèlement, de « stabiliser » les « choses », comme dirait Bergson : de leur conférer, dans la pensée, un statut d'essences (identiques-immobiles) ; ou du moins d'en faire des substances (à soumettre ensuite au changement). Mais qu'on imagine une pensée, telle la chinoise, qui, tout en se développant durant des millénaires, n'a pas déployé – *n'a pas eu* à déployer – de concept de temps : le « passage » ne cesse d'y habiter, et par là de constituer, les êtres et les situations, et ceux-ci ne sont jamais envisageables que portés par leur propension. Il y a, en chinois, non pas notion de Forme archétypique, mais seulement notion de ce qui « *prend* forme » (*xing*) en s'actualisant –, le terme aussi est verbal. Tandis que, abstrait du cours des processus et maintenant dès lors un surplomb par rapport au plan du vivre (en faisant un « plan »), le Temps, à la fois cadre et paramètre, est le reste inévacué – inavoué – d'une transcendance jamais abolie et formant horizon, *sous* lequel se déroulerait la vie, et même sous lequel toute vie à venir d'avance est déroulée – comme un « air déjà connu », disait Augustin –, ce moment est toujours le moment *de* : il est celui d'un processus, celui-ci même, unique, tel qu'il se trouve individuellement engagé, et à quelque échelle qu'il soit envisagé. En tant qu'*occurrence* (*occurrere* : venir, « courir » au-devant de), il est le fruit d'un cours original qui, du fait même de son immanence, est toujours inédit : vivre en lui est *à découvrir,* au lieu de se dérouler, et ne se laisse pas devancer ; comme, en tant qu'*occasion* (*occidere* : « tomber » devant), il est ce que, captant l'immanence, le sage et le stratège ne cesseront d'exploiter. Et qu'ils se contentent d'exploiter : le sage (le stratège) n'a rien d'autre à faire – et c'est ce qui fait qu'il n'a rien à faire, qu'il est « sans agir », dit le taoïste – que de tirer constamment parti de cette occurrence-occasion du moment.

Structure d'occurrence

Ou, si l'on choisit de distinguer les deux, l'occurrence est telle que sait l'accueillir la sagesse, l'occasion telle que sait l'exploiter la stratégie. Car, quand le moment devient occasion, il a déjà commencé de s'objectiver en une configuration particulière suffisamment individuée, et détachée, pour que le stratège puisse s'en emparer et prenne appui sur elle pour réussir ; tandis que, au stade plus inaugural du moment occurrent, cette sorte de coagulation caractérisant l'occasion ne s'est pas encore opérée, par conséquent aucune scission ne s'est suffisamment formée, notamment entre ce qui serait l'objectif et le subjectif, ce qui viendrait du monde et ce qui viendrait de soi, pour fournir des traits qui soient repérables, et par suite utilisables. Cette structure d'occurrence est trop fluide pour donner prise et se laisser façonner. C'est dire que si, à la différence de la conception de l'occasion qui a prévalu en Europe, notamment sous les traits de la fortune machiavélienne, le stratège chinois considère l'occasion, non comme une rencontre fortuite, mais comme le résultat de l'évolution impliquée, le moment occurrent de la sagesse, quant à lui, nous situe en amont de cette sorte de retombée résultative par laquelle se manifeste à nous l'occasion. Il se maintient simplement dans l'émergence continue de son venir, parce qu'abordé sans pré-vention, de sorte qu'il ne peut prêter à une opération comparative déterminant un optimum, telle celle qui s'opère à l'égard de l'occasion, en vue de s'en saisir, entre le pas encore et le déjà plus. L'oc-casion déjà forme « cas », elle peut se produire ou pas ; tandis que l'occurrent est, si je puis dire, une occasion continue (comme on a parlé en philosophie de création continue) qui, par là même, n'offre rien encore de discriminant ; il ne prête pas, par conséquent, à la disjonction de ce qui serait trop tôt ou trop tard, à prendre ou à laisser, favorable ou pas.

En amont des écoles

Montaigne, pensant l'« à propos », est un penseur du moment « occurrence » ; c'est à lui que j'emprunte le terme. Et toute la pensée chinoise, dès l'Antiquité, converge dans cette pensée du « moment » ; ou plutôt celle-ci se trouve en amont – et c'est aussi ce qui m'intéresse en elle – de la diversité des écoles et des thèmes : « de la sagesse, Confucius est le moment[(b')] », avons-nous lu dans le *Mencius* ; l'homme de bien (confucéen) est celui qui « à tout moment épouse la régulation », lit-on aussi, en guise de confirmation, dans le *Zhongyong*[104(c')]. De même Zhuangzi recommande-t-il, lui le penseur du *tao* : « trouver la paix-stabilité dans le moment et résider dans [la capacité à] se conformer »[105(d')]. C'est en rapport à ce terme, enfin, que le *Classique du changement* conçoit la transition du devenir : « modification » et « continuation », telles que nous les avons considérées, sont « ce qui va dans le sens du moment[106(e')] ». Une formule les résume toutes, qui devient un truisme de la pensée chinoise : « se conformer au moment[(f')] » . C'est même là la seule détermination possible du sage, on ne saurait définir plus précisément celui-ci : celui qui se conduit constamment d'après le moment ; ou ce « d'après » étant trop platement imitatif, on dira simplement, pour préserver l'impromptu de la variation : au *gré* (du moment).

L'occurrent / l'événement

Un événement « survient » : trahissant toujours quelque effraction dans son surgissement et débordant du moment qu'il occupe ; à la fois saillant et s'isolant. En meublant le temps, puisqu'il se produit *en* lui, il laisse ainsi paraître cet Extérieur qu'est le Temps, sur fond duquel il prend son relief et se découpe et *d'où* il fait irruption, dans notre vie, comme é-vénement (*e-venit*). Mais un moment ne saurait survenir, il ne peut qu'advenir – venir « au-devant de », à la rencontre –, il est tourné *vers*. A la différence de l'événement concentrant sur lui l'attention par son caractère insigne, l'occurrence du moment ne laisse rien entendre d'exceptionnel ou de privilégié, mais seulement le caractère relativement différent et nouveau qui, par déploiement des phases du processus, peut être celui de *tout* moment. « En l'occurrence », dit couramment la langue, c'est-à-dire tel que cela vient à nous dans ce cours actuel, ou plutôt s'actualisant. Avec ce que celui-ci comporte toujours de conjoncturel et de porté, d'avance, à évoluer. Car, si l'unité du moment est circonstancielle – commençons du moins par le dire ainsi – puisque c'est la circonstance qui, par ses conditions, à distinguer de la causalité de l'événement, fait l'originalité du moment, l'« occurrence », quant à elle, dit le caractère en devenir de la circonstance (elle est en train d'« occurrir ») ; ces conditions qui sont « autour » (*circum*) ne se « tiennent » donc pas, fixes et rigides (*stare*), comme le dit cette étymologie, mais sont en cours. Et tandis qu'un événement repousse les autres dans l'ombre, au nom de son exceptionnalité, et que des événements se nuisent entre eux quant à leur importance, les différents moments, en revanche, telles les saisons, se mettent en valeur, et se rehaussent, par contraste et réciproquement : « quand je danse, je danse ; quand je dors, je dors... » disait Montaigne. L'*occurrence* dit ainsi deux choses : qu'on prend cet ad-venir comme il se présente, en le laissant venir (en respectant son immanence : « par occurrence », comme cela vient) ; et que ce qui advient ainsi est le fait d'une variation, à distinguer par conséquent du principe de sélection et de monopolisation dont se prévaut l'événement se structurant hiérarchiquement. « Diversement, selon l'occurrence », dit Montaigne ; et encore : « Si la variété des occurrences lui fait changer de pas... » La formule de la sagesse, en somme, serait d'accéder à la fois aux deux : s'ouvrir à ce qui advient, *comme cela vient*, et sans cesser d'épouser sa variété, ou mieux, pour garder aussi ce terme en cours – je ne cesse de devoir ainsi reprendre la langue – sa *variance*.

Quatrains

2. De Wang Wei (au VIIIe siècle), « Le pavillon dans les bambous » (je traduis mot à mot pour éviter notre mise en phrase) :

Seul	*assis*	*retiré*	*bambous*	*parmi*
Jouer	*cithare*	*à nouveau*	*long/grand*	*siffler*
Profond	*forêt*	*homme*	*ne pas*	*savoir*
Clair	*lune*	*venir*	*envers*	*briller*[107]

Vingt mots (vingt phonèmes) suffisent ici à former un poème – ils évoquent un « moment » : ils en creusent, d'un vers à l'autre, le caractère à part (tel que l'a tant peint, depuis, la peinture lettrée, jusqu'au cliché : à l'écart, un pavillon, dans un bois de bambous, la cithare,...) et comment la circonstance, dès lors qu'on s'ouvre à son occurrence, se prête – conduit – à l'appréhension de ce qui fait le procès du monde en son intimité, le « monde » alors se décantant de son opacité. Ne sont évoquées que situation / opération (activité) ; aucun mot n'est dit ici de ce qui serait un sentiment. Le passage s'entend à travers les choses, non dans le temps : [une] « clarté » - [la] « lune » - « vient envers éclairer ». Ce *vient vers*, au-devant de, qui à travers la lune est celui du monde entier, est le venir d'une occurrence pour qui sait l'accueillir ; et les précisions circonstancielles qui précèdent, en creusant le retrait, suffisent à dire qu'on a *laissé* venir. Cette disponibilité à l'opportunité du moment n'est pourtant pas le seul fait d'une solitude, comme en témoigne, parmi d'autres, ce quatrain pris dans la suite, « Le pavillon sur le lac » :

Léger esquif accueillir noble hôte
Loin au loin lac sur arriver
Face balustrade devant verre vin
Quatre côtés les lotus ouverts[108]

Que la circonstance, en ce cas-ci, soit celle d'un moment partagé, ne change rien à la logique qui fait ici le poème : que la lune vienne éclairer, que les lotus de tous côtés s'ouvrent (ou soient ouverts), ne dit pas tant l'harmonie atteinte à l'issue du poème, ou la « communion » avec la nature, comme, surtout depuis le Romantisme, nous avons tant appris à le dire, qu'il ne rend sensible l'éclosion-effusion – advenant d'elle-même et se répandant sans compter – telle qu'elle émane du cours du procès. On pourrait croire cette éclosion symbolique, mais elle n'est ni concrète ni non plus symbolique, elle ignore ce dédoublement de plans et ce clivage. Ni « chose » ni « signe », ni se laissant absorber dans les choses ni se laissant épurer dans des signes – l'occurrence se produit en amont d'eux. Mettant entre parenthèses le temps, ces quatrains *laissent*, en revanche, le cours du monde occurrent, son procès procédant : aucune indication temporelle n'est là pour dater le déroulement, il n'est pas dit « quand », ce moment est sans points de départ et d'arrivée ; il n'est pas non plus de marque de conjugaison séparant des temps différents : seule, *la circonstance*, en se déployant, *fait le moment* (poème « de circonstance », dit-on aussi parfois chez nous, non sans dédain ; mais, demandons-le, toute poésie qui n'est pas factice, imitée ou préfabriquée, n'est-elle pas « de circonstance » ?). Il n'est pas non plus, ici, de pronoms personnels explicitant un Moi-sujet (comme est inévitablement conduit à le faire toute traduction en langue européenne : « *Je* suis assis seul parmi les bambous sombres... ») : le caractère phénoménal de l'occurrence en serait sinon abîmé. Car, de même que le poème se réduit à son dispositif et ne recouvre cette occurrence d'aucun phrasé, aucune notation psychologique ne fait verser le poème dans l'« état d'âme » – ni recueillement en soi ni épanchement dans l'autre. L'occurrence, dans son caractère occurrent, est également en amont de ce clivage (l'autre clivage : subjectif / objectif), et l'on ne songerait pas – cela n'aurait pas de sens – à questionner la disponibilité évoquée dans ces quatrains sur « sa » sincérité.

L'inscription d'un moment

Surtout, en tant que pure évocation d'un moment, ces poèmes n'enjoignent rien, ils ne font qu'inscrire-enregistrer. Ils sont sans perspective et sans recul ; ils ne font de morale ni ne commentent – ni méditatifs ni prescriptifs ; bref, ils ont éliminé d'eux tout discours de réflexion comme tout travail de persuasion, ils sont purement dénotatifs, et c'est là ce qui les distingue, et même les oppose, au « cueille le jour » d'Horace ainsi qu'à toute la tradition, anacréontique plus encore qu'épicurienne, exhortant, dans la littérature européenne, à « profiter » de l'« instant présent » : « Cueillez dès aujourd'hui les roses de la vie... » Le quatrain chinois, quant à lui, se garde de thématiser (sur ce thème – si commun dans le lyrisme « universel », dit-on d'ordinaire – du temps-qui-passe) ; comme aussi de conseiller : jouissez et profitez du présent, vous savez comme il est fugace ! Le poème est ici libre de toute idée d'*avoir à* : d'avoir à profiter comme à jouir, à faire ou bien à ne pas faire (il n'est pas non plus « quiétiste »), il est même libre, à vrai dire, de toute « idée ». Car celle-ci, par sa disposition arrêtée, ferait barrage au venir, nuirait à la disponibilité ; mais, se bornant à dire l'occurrence, il laisse l'im-manence é-maner.

La rose de Ronsard, les lotus de Wang Wei

On n'en perçoit que mieux, par contraste, comment, dans la littérature européenne, le lyrisme de l'instant présent, prenant appui sur ce thème de la fugacité du temps qui passe, met en valeur l'*in*-stant en en cernant la brièveté, en en soulignant la précarité. « *Dum loquimur fugerit...* » :

Pendant que nous parlons, voilà qu'aura fui jaloux le temps ; cueille le jour, en te fiant le moins possible au lendemain[109].

D'autant plus précieux qu'il est menacé d'avance par sa disparition, d'autant plus intense, et rendu poignant, qu'il faut le ravir au Temps, lui qui est constitué en sujet autonome et séparé en tant qu'actant du « nous » qui vivons et parlons, cet instant à cueillir organise un drame, il est objet de discours et même, par la tension qu'il suscite, se prête au mieux à l'exploitation rhétorique. Ainsi en va-t-il de la rose de Ronsard, « qui ne dure que du matin jusques au soir », et « comme en peu d'espace », dit significativement le poète pour en marquer début et fin, points de départ et d'arrivée, en faisant ainsi par cet intervalle une figure symbolique de la distension – car elle, dès lors, est symbolique[110]. Épanouie puis fanée, de sa « première fleur » à « feuille à feuille déclose », elle ressort par une esthétique du contraste et vibre de la crispation du désir, tant il est vrai que du désir ne se tend que par la fuite, condition de la quête, et se voit donc exacerber dans le temps. De même, c'est un lieu commun du lyrisme que la vie devient plus lumineuse « à l'ombre de la mort » (Horace). Objet de comparaison rhétorique et de médiation amoureuse, la « rose » associe ainsi en un même bouquet, autour du Temps, les sens, la beauté, la conquête, le regret ; car c'est bien le « temps » qui, en déployant sa perspective et comme toile de fond sur laquelle ils se peignent, a permis de décliner de concert tous ces jeux de la pensée, toutes ces modalités du désir ;

c'est même à partir de lui que s'ouvre et se construit du sens. Or, les lotus « ouverts » de Wang Wei s'entendent tout autrement : le moment qu'évoquent ces quatrains n'est ni hors du temps (on ne voit pas là de conscience extatique) ni non plus menacé par le temps, rien n'y dit le fragile ou le fugace ; mais, comme il n'est pas de perspective temporelle qui se déploie, et même comme aucune perspective n'ouvre ici de ligne de fuite, le moment occurrent absorbe momentanément en lui tout « réel », il est son propre horizon (mais qui n'a pas d'horizon). Rien ne l'enchâsse – ne le rehausse ou ne le limite ; il ne se laisse *indexer* ni *mesurer* : il n'est pas un « laps » de temps comme dans Ronsard. Ce venir, en tant qu'il vient, est sans début ni fin marqués, il n'est, non plus, le lieu d'aucun désir – d'aucun regret. Comme tel, il n'est pas à « cueillir » (toujours la logique sélective de l'événement), mais il suffit de s'ouvrir à son opportunité *. La lune vient au-devant – les lotus [sont] ouverts. Ne renvoyant à rien, mais recueillant en eux tout le blanc laissé par ces quelques mots épars enregistrant le procès du poème, ils suffisent à laisser passer, à travers eux, le *fonds* (sans fond) de l'immanence. — Tandis que penser la vie *sous* le Temps est désespérant, dirait le poète chinois s'il consentait au commentaire, ou du moins est stérile,

* Ce n'est pas dire que la Chine, pensant l'opportunité du moment et la transition continue, n'ait pas également pensé l'éphémère et le transitoire. Mais ce que nous désignons comme le temps qui passe, *tempus fugit*, elle le rend d'ordinaire par le binôme « jours et mois » (*riyue*), comme dans les *Entretiens* de Confucius (XVII, 1) : « les jours et les mois s'en vont, les ans ne sont pas avec nous ». Ce thème de l'éphémère se trouve déjà évoqué dans le *Shijing* (n° 114) : « Si nous ne nous livrons pas à la joie / Les jours et les mois nous échappent... » Il est aussi présent dans le *corpus* taoïste : « La vie de l'homme entre terre et ciel est comme un coursier franchissant une faille » (*Zhuangzi*, chap. 22) ; il s'est développé plus tard sous l'influence du bouddhisme (ainsi dans la poésie de Li He).

Reste ce fait majeur que la Chine n'a pas pensé la *vita brevis* au sein d'un concept du temps. Et l'intérêt est que la pensée chinoise, toutes écoles confondues, ait développé une pensée du moment qui, non point critique ce lyrisme du temps qui passe, mais s'en écarte et, par là, nous ouvre une autre possibilité.

puisque toute vie, même à venir, s'y présente d'emblée comme *à passer* et, ainsi, est d'ores et déjà condamnée, penser la vie *selon* le moment (l'occurrence) est inépuisable. Il n'y a pas à vouloir arrêter le temps, ni non plus à tirer sur l'instant pour l'étendre en durée : car c'est dans l'occurrence du moment qu'est la source, dans son « venir » qu'est la vie et dans son « op-portunité » la ressource.

Vivre se comprend selon le moment, non dans le temps

3. Le « bonheur », disaient déjà les Grecs, ne pourrait être atteint qu'hors du temps ; et même les phénomènes de transition ou de plaisir, avons-nous vu (cf. Platon - Aristote), ne peuvent être appréhendés « dans le temps ». En tant que distension et qu'intervalle, le temps, du point de vue du vivre, serait sans issue. Je me demande si ce n'est pas là, d'ailleurs, ce que les penseurs chinois contemporains veulent aussi dire, parce qu'ils en ont l'intuition culturelle – mais en ayant le tort, à mon sens, de chercher à l'inscrire de force dans le concept occidental de temps –, quand ils avancent que la pensée européenne du temps priverait « de la chair et du sang » du « temps concret » (Wu Kuang-ming). Passons sur ce qu'ont de trop abrupt, dans nos langues, des métaphores de ce genre, mais ne négligeons pas la question qu'elles laissent entendre. Car qu'est-ce que ce temps « concret », ce temps « à vivre », si ce n'est précisément la circonstance occurrente, et variante, du moment ?

« Vivre » serait à chercher du côté de l'« à propos » du moment et non du temps, non du côté du *temps qui passe* (l'in-stant) mais du *moment qui varie* : l'un *cause* de destruction (*aitios phthoras*, Aristote), l'autre *source* de renouvellement (cf. *Mencius*, IV, B, 18) ; le premier « fuyant » sans cesse et courant vers son anéantissement (Augustin) et le second « venant » à nous, « sans cesser de jour et de nuit », et s'offrant dès lors inépuisable. Ce second est plus difficile à dire, tant il évite la crispation par laquelle nous produisons du sens –, ou n'y aurait-il, pour le faire, que, comme j'ai commencé de l'invoquer, la poésie ? Autant avouer que, sous cet intérêt « comparatiste » (la Chine - la Grèce), j'en vois un autre auquel je tiens peut-être encore plus, tel que m'aide à le repérer cette question du temps, et qui est de pouvoir précisément, à travers ces opérations de montage et donc en passant par ce biais, *via* la pensée chinoise, réaborder la question du « vivre » en philosophie. Car, *de front*, demandons-le enfin brutalement, est-ce encore envisageable, et n'est-il pas à jamais loin de nous le philosophe grec, de tradition socratique, qui, tel Pyrrhon ou Antisthène, ne sépare pas l'un de l'autre et prétendrait vivre comme il pense ? Ou, si l'on ne consent pas à déserter la question du vivre, banale et athéorique comme elle est, doit-on se résigner à sombrer dans ce qui ne peut plus apparaître, une fois que s'est trouvée définitivement affirmée l'exigence conceptuelle de la philosophie, que comme un sous-produit abâtardi de celle-ci, formant genre, aujourd'hui, mais comme sous-philosophie ? Mon travail, quant à lui, sera précisément de tenter de porter au jour du *logos*, celui de la construction et du concept, l'*infra*-philosophique formant ce fonds de banalité que nous nommons traditionnellement, par commodité, la « sagesse » – notamment à propos de la pensée chinoise –, mais sans verser dans ce « sous » *.

Comment aborder la question du vivre en philosophie ?

Infra- et *sous*-philosophique

* Comme j'ai commencé de l'évoquer de concert avec Thierry Marchaisse dans nos *Entretiens d'Extrême-Occident* (*Penser d'un dehors, La Chine*, Seuil, 2000, p. 418), j'entends par infra-philosophique ce qui, en amont de l'élaboration philosophique, constitue le fonds banal, commun, non original – comme tel, jamais complètement articulable – auquel puise comme à sa source, mais dont aussi se détache nécessairement, en s'instaurant et se singularisant, chaque philosophie ; j'entends, en revanche, par sous-philosophie un courant de plus en plus répandu dans la pensée contemporaine qui, délaissant le travail critique et conceptuel de la philosophie, est tombé avec béatitude dans un discours sous-conceptuel « sur la vie » qui tient du prêche et de la moralisation facile (l'« édification », *Erbauung*, disait Hegel).

Car la philosophie se dévoie à traiter du « vivre » (Bergson)

C'est, de fait, et pour le dire vite, la religion qui traditionnellement, en Occident, reconnaissons-le, nous parle de la « voie » et de la « vie ». Qu'on relise aujourd'hui Bergson à propos du temps. Après avoir critiqué la représentation occidentale du temps, avec quelle véhémence n'appelle-t-il pas, en conclusion, à notre « revivification » par l'intuition de la « durée »... Si nous nous enfonçons « dans la durée réelle », poursuit-il,

> *Ce qu'il y avait d'immobile et de glacé dans notre perception se réchauffe et se met en mouvement. Tout s'anime autour de nous, tout se revivifie en nous. Un grand élan emporte les êtres et les choses. Par lui nous nous sentons soulevés, entraînés, portés. Nous vivons davantage* [111]...

Demandons-nous (car l'ironie ne serait, à cet égard, qu'une dérobade) : qu'est-ce qui, ici, d'emblée est décevant et *ne passe pas* ? Pourquoi le discours philosophique – et qui est pourtant ici celui d'un vrai philosophe – sonne-t-il soudain si creux, qu'on m'excuse de le dire, et donne-t-il la désagréable impression, à la fois, de s'enfler et de flancher ? Parce que perdant soudain sa consistance et devenant sans « objet ». Prenons la peine d'écouter ce « sonner creux », celui-ci est symptomatique. Car, à l'évidence, en renonçant à la conceptualisation pour se livrer aux métaphores « vitales », bien différentes des comparaisons démonstratives auxquelles d'ordinaire Bergson excelle, ce propos qui s'enfle trahit sa faiblesse ; et de ce qu'il en vient, traitant de la « vie », à abandonner la rigueur conceptuelle que requérait sa pertinence, il ne saurait en procurer une quelconque compensation dans son lyrisme. Même ce « nous » censé évoquer une subjectivité partagée, dès lors qu'il perd sa structuration normative de sujet connaissant-agissant, n'est pas plus convaincant, dans son embrassement collectif, que ne l'est l'élan de la phrase livrant celle-ci à l'exhortation et se faisant véhément.

Lebensphilosophie ? (Kant - Jacobi)

Kant, cependant, n'avait-il pas ouvert la voie, et ce notamment dans la troisième *Critique* ? Pour penser la « vie », il faut assurément recourir à un concept différent des autres et qui ne peut être de l'entendement : celui de la « finalité » ; il s'agit donc d'élargir la rationalité, la faisant accéder à un stade post-métaphysique, mais non de renoncer aux droits de la raison sur ce qui paraîtrait ainsi lui échapper, et s'abandonner dès lors aux faciles épanchements de la *Schwärmerei* que prônait Jacobi, revendiquant la pensée de l'individué et du devenir, dans sa *Lebensphilosophie*. De même, Hegel, à l'encontre de l'intuition de Schelling : la vie (l'histoire) n'est pas extérieure au concept, car le concept a la structure même de la vie, celle de l'auto-déploiement d'une identité qui se pose dans ses différences et les ramène à elle –, il n'existe aucune antinomie entre le concept et la vie...

Il n'en reste pas moins que, désormais, la philosophie ne saurait complètement résorber, en dépit de son travail, la fracture ouverte entre deux façons radicalement différentes d'appréhender ce sur quoi la réflexion a le moins de prise, en tout cas le moins de recul : la « vie ». *Il y a* la rigueur du concept *ou* l'élan de l'intuition et du sentiment, et ceux-ci organisent, comme des rôles impartis, la scène agônique de notre esprit. Le conflit des rationalistes et des anti-rationalistes à cet égard est trop constitutif, quelles que soient ensuite les dialectiques engagées, pour être aisément dépassé ; du moins, il ne pourra être effacé. Les clivages sont là, à l'œuvre dans la langue avant même que dans la réflexion, et ils opèrent d'eux-mêmes. Si je trouve ainsi une commodité à faire ce détour par la Chine, c'est donc également parce que, à sa façon, il nous met à distance de ces fractures (il en fait éprouver d'autres) et nous extrait du face-à-face dans lequel se trouve ainsi prise, et *pliée*, l'histoire de notre pensée. Car on ne saurait nier que, quant au « vivre », quelque chose se perd – ou du moins s'oblitère – sous ce conflit et ce qui s'y trouve dès lors engagé, de part et d'autre, comme nécessaire parti pris.

La conscience stoïcienne de l'opportunité, *eukairia*

4. La notion d'opportunité ne serait-elle pourtant pas inscrite au cœur même de la philosophie, du moins chez ceux qui ont renoncé à situer le bonheur dans l'éternité et dont on a vu qu'ils tournaient notre attention vers le seul impératif du présent – les Stoïciens ? Car, si les Stoïciens ne traitent pas nommément de l'opportunité en rapport au « moment », il est clair, en revanche, qu'ils n'attendent rien de ce qui serait son extension dans le temps. L'« opportunité », dit Cicéron traduisant ainsi l'*eukairia* des Grecs, « ne s'augmente pas par la prolongation de la durée » (*productione temporis* [112]) ; en effet, « les choses qu'on dit opportunes » ont leur « mode », c'est-à-dire en premier lieu leur mesure propre. Tout tient donc à ce « mode », qu'il faut apprécier en lui-même et qui, à lui seul, est suffisant. Vivre plus longtemps, comme nous sommes d'ordinaire portés à le souhaiter, répètent à l'envi les Stoïciens, n'ajoute rien, nous n'en serons pas plus heureux ; toute vie est « longue », en revanche, dès lors qu'on « sait l'utiliser », n'y voyant plus qu'« opportunité ».

Les Stoïciens nous disent ainsi deux choses, qui installent l'« opportunité » au cœur de leur pensée. 1- Le bonheur est dans l'instant opportun, c'est-à-dire l'instant où l'initiative de l'agent s'accorde parfaitement avec l'événement et coopère, par là, avec la volonté du destin ; il n'est même d'autre définition du bonheur que celle d'être une opportunité permanente se renouvelant dans chaque acte, à chaque instant. 2- En retournant les termes : chaque instant, dès lors qu'on sait s'accorder à ce qu'il exige de nous, constitue une occasion favorable. Si ce n'est du point de vue de notre condition d'existence, du moins de notre vertu (en tant qu'*occasio virtutis*) – « favorable » signifiant alors favorable à la moralité : tout présent, pour qui sait le vivre selon la sagesse, et quelles que soient les circonstances, voire au milieu des pires supplices, *peut être* heureux.

« Circon »-
« stance »

Par rapport à quoi, la pensée chinoise intervient sur trois points décisifs qui modifient en profondeur la conception de l'opportunité. Le premier tient à la positivité de tout moment. Car, s'ils connaissent aussi cette position, pour eux de repli, selon laquelle une situation jugée négative du point de vue du sort qui nous est fait et de notre condition d'existence, n'en est pas moins positive par l'effort qu'elle exige de nous pour la supporter, aidant à notre perfectionnement intérieur, les penseurs chinois en ont développé parallèlement une autre et qui même est prioritaire (notamment à partir du *Classique du changement*) : il n'est pas de situation négative en tant que telle, du point de vue même des processus, autrement dit, il n'y a pas de point de vue complètement à part, dissocié d'eux, d'un Moi-sujet ; tout moment négatif peut et doit être tenu pour la phase de latence et de transition amorçant une nouvelle positivité et renouvelant le cours du procès de la vie. Comme tel, ce moment n'est pas seulement approprié dans une économie d'ensemble – le point de vue de Zeus, diraient les Stoïciens, à l'échelle de la période cosmique –, mais il l'est également vis-à-vis de cette situation-ci dont il prépare patiemment le renouvellement. Et qui sait le comprendre peut en user : la stratégie (du sage) est de percevoir les facteurs favorables présents dans toute situation, ne serait-ce qu'en creux ou de façon purement indicielle, y compris dans la situation la plus défavorable, de manière à les exploiter ensuite en se laissant porter par eux tout au long de leur déploiement.

Le second point tient à ce que nous entendons par « circonstance ». J'ai déjà eu l'occasion de critiquer la seconde moitié du terme : rien, en effet, ne se « tient » ainsi immobile (*stare*), mais toute situation est en évolution, il n'est même de condition qu'en transformation, passant par des moments divers. Or, revenons à la première partie de la notion, elle n'est pas moins exempte de présupposés : car quel est le statut de cet « autour » (*circum* ; cf. la *peristasis* des Stoïciens) ? Cet autour que dessine la circonstance ne fait-il pas qu'entourer le sujet en le bordant extérieurement – comme la mer entoure une île – et donc sans entamer, à l'intérieur de ce périmètre, la souveraineté qu'il s'est initialement arrogée ? Cet autour de la circonstance circonscrit un dehors pour mieux préserver l'autonomie d'un dedans : *circon*-stance signifie que la situation n'est qu'autour de moi et que, partant, elle ne m'atteint pas.

La circonstance est indifférente dans le stoïcisme

On le voit bien à l'usage que font de la notion les Stoïciens. N'étant que le « thème » (« matière ») de notre action, les circonstances ne peuvent en fournir la fin (*telos*) ; enveloppant d'un seul trait tout ce qui ne dépend pas de nous, et donc nous est indifférent, elles n'ont point de valeur morale, par conséquent point de valeur du tout. C'est pourquoi, comme l'a bien montré Victor Goldschmidt[113], l'accord sur lequel repose la morale stoïcienne n'est pas entre deux termes distincts dont l'un, naturel, fournirait la référence, tandis que l'autre, propre au sujet, viserait à s'y référer : il n'y a, en fait, que la nature de l'agent qui soit en cause et ce qui caractérise l'acte moral est que l'individu « se concilie à soi », pour reprendre l'expression de Cicéron ; or, il suffit pour cela de sa seule intention, qu'il travaille scrupuleusement ses représentations. La sagesse est tout entière tournée en elle-même – *in se tota conversa est*. Dans ces conditions, la circonstance n'est que l'occasion où s'éprouve et se vérifie l'accord à soi-même auquel tend naturellement tout individu, aspirant à l'appropriation de soi par soi. S'accorder à la circonstance, et même la « vouloir », suppose qu'en elle-même elle ne compte pas ; elle n'est là qu'un support où se découpe et se définit, par son pourtour, notre « citadelle » intérieure.

Moi-sujet ou moment-situation

Aussi bien par ce qu'elle prétend stabiliser que par ce qu'elle renvoie à l'entour, ne le considérant pas inhérent à la perspective dégagée, voire l'en éliminant d'emblée, la notion de circonstance laisse apparaître un choix de la pensée occidentale, somme toute, un choix majeur. La circonstance est la situation en tant qu'elle se « tient » « autour » – autour, s'entend, de cet axe privilégié que définit le Moi-sujet : c'est même par son indépendance à l'égard de la circonstance que s'affirme et se constitue le sujet. Tel est le grand sac, en effet, où se voit fourré et relégué (au dernier des cas, le plus mêlé, l'ablatif) tout ce qui échappe à mon initiative, fait vaciller mes projets ou, du moins, tombe hors de mon emprise... Or, je dirais volontiers que le choix de la pensée chinoise, à cet égard, est inverse : elle part, non du sujet, mais de la situation qui, parce qu'elle évolue toujours, est le *moment - situa-*

tion (autre terme pour dire la circonstance, mais en *désaxant* désormais la notion). C'est pourquoi, par exemple, la pensée chinoise ne s'est guère intéressée à l'idée d'une création du monde, impliquant un projet et relevant de l'initiative d'un Créateur, mais a conçu son origine à partir d'un dispositif immanent (les fameux *yin* et *yang*) ; ou, dans un tout autre domaine, qu'elle a conçu l'avènement du poème, non pas en termes d'inspiration (invoquant un amont du sujet plus auteur que le sujet), mais plutôt en termes de phénomène et comme une incitation : c'est, on l'a vu, le monde ambiant et sa « saison » qui émeuvent l'affectivité et la portent à réagir et s'exprimer dans le chant. Ou, de façon plus générale, c'est pourquoi la pensée chinoise n'est jamais complètement théorique et désintéressée et, jusque dans l'élaboration de sa sagesse, demeure foncièrement stratégique : tant est vrai que, à ses yeux, tout non seulement ne s'emploie, mais aussi ne se conçoit, qu'en fonction du moment-qui-varie ; s'y dissout ainsi jusqu'à la possibilité d'un statut fondateur, parce qu'identitaire – identitaire parce qu'atemporel – de la vérité.

Comment développer le concept d'opportunité

La pensée grecque, et la pensée européenne par la suite, n'en diront guère plus sur l'opportunité *. Comme la matière de celle-ci est la variable, elle ne peut faire l'objet d'une définition, on ne peut non plus espérer, à partir d'elle, bâtir un système ; force sera donc de s'en tenir au principe de conformité en rangeant la variation inépuisable des cas sous le pouvoir de la norme et du modèle. Pure affaire d'application –, mais j'ai déjà dit ce que, en

* Comme c'est souvent le cas dans la culture européenne, ce que la philosophie ne pense pas, parce qu'échappant à sa capacité réflexive, se trouve pensé en marge de la philosophie. Ainsi en va-t-il, dans la poésie évoquant l'importance et la radicalité de l'« être de saison » comme être au monde ; ou, dans le roman, exprimant l'opportunité du « moment ». Le roman européen a pensé le « moment », en effet, notamment à propos de la stratégie amoureuse. Qu'on songe au beau titre de Crébillon fils, mariant si élégamment le féminin et le masculin, la durée et l'occasion : *La nuit et le moment* (ou *les Matinées de Cythère*).

ce domaine, dès lors qu'on sort de la technique, l'« application » laissait d'insatisfait. Et, de fait, pour concevoir un système de la variable, il aurait fallu disposer de tout autre chose que de ce dont disposait la pensée grecque : non point de l'exigence définitoire et démonstrative du *logos*, mais d'un dispositif à manipuler, tel ce *Classique du changement* (*Zhouyi* ou *Yiking*), qui, développé sur près d'un millénaire, à la fin de son Antiquité, forme le livre de fond de la pensée chinoise et n'a cessé de l'inspirer.

Un dispositif à capter la cohérence du moment-position

On sait de quoi est fait ce livre qui, au départ, n'est pas un livre (mais auquel se sont ajoutées, par la suite, diverses couches d'un commentaire devenu canonique) : deux types de traits, continu et discontinu, plein et brisé (— et - -), représentant les deux facteurs opposés et complémentaires de tout procès (*yin-yang*, Terre-Ciel, « mou »-« dur », etc.), constituent, alignés verticalement, un système de figures à trois traits (les huit trigrammes) ou à six traits (les soixante-quatre hexagrammes). Dans l'une ou l'autre série de la combinatoire, les figures procèdent les unes des autres par transformation ; de même que, lue de bas en haut, du premier au sixième trait, la figure de l'hexagramme déploie à la fois une possibilité de « continuation » (quand deux traits semblables se suivent) et de « modification » (quand on passe d'un trait *yin* à un trait *yang*, et inversement). Comme telle, à travers la configuration particulière de ses traits, ces traits se répondant ou non (entre traits symétriques des deux moitiés, inférieure et supérieure, de l'hexagramme), étant à leur place ou non (traits *yin* aux places paires, *yang* aux places impaires), chaque figure fournit ainsi le diagramme d'une phase de la situation en cours s'analysant, dans cette structure schématique, en termes de « moment - position[g'] ».

Sans abstraire au-delà du moment

Non l'espace mais la « position », non le temps mais le « moment ». S'agit-il pour autant, comme on l'a souvent dit, d'une préférence invétérée des Chinois pour le « concret » ? Car je vois moins là, pour ma part, un rapport de particulier à général que l'indication de ce que la situation en évolution, définie par son moment - position, la « circonstance », comme nous disons, est tenue en Chine pour un fait premier ; il n'est rien, en Chine, qui ne soit d'abord *situé* (« le ciel en haut » - « la terre en bas » : tout est dit, en tête du « Grand commentaire » du *Classique,* à partir de quoi une interaction peut commencer). La différence d'avec la pensée européenne ne s'apprécie donc guère, à mon sens, en termes de plus ou moins abstrait (car quelle serait cette incapacité « chinoise » à s'élever à l'abstraction ?) –, ou il s'agirait là, plutôt, d'une conséquence. L'opposition est entre une pensée des processus et une pensée des essences : dans une pensée pensant par phases et dont le procès est l'horizon (le « Ciel »), on ne peut abstraire au-delà du moment considéré ; tandis que, dans une pensée des essences, on pourra toujours remonter à un plus abstrait, en quête de l'« Un » premier (comme on le voit déjà avec le platonisme : de Platon à Proclus et jusqu'à Damascius).

En tant que couple opératoire servant à l'analyse des figures, *moment* - *position* définissent, non la circonstance, mais la *conjoncture* d'où découle l'opportunité et que rien ne vient transcender. Chaque figure schématise une phase du processus (ainsi que chaque trait de la figure un moment particulier de celle-ci), et le but du consultant est, à travers ce qui s'y lit, de se mettre en phase avec lui (*de shi*(h') : en « atteignant le moment - occasion ») ; par là, de se brancher sur l'efficacité qui se déploie à travers lui. Je ne vois guère d'autre départ, en Chine, à la sagesse comme à la stratégie. Car, à l'inverse de l'occasionnalisme d'un Malebranche, ou de tout autre occasionnalisme théologique, islamique aussi bien, où la cause occasionnelle n'est toujours que seconde et seule directe la cause efficace (Dieu), ce qui se forme comme occurrence - occasion, est conçu, en Chine, comme suffisamment et même absolument déterminant. Aussi est-ce logiquement par un système de *cas* – les cas (moments) de la série des figures – et en se gardant de généraliser davantage, que le *Classique du changement* prétend rendre compte *intégralement* de la réalité, c'est-à-dire jusqu'en son « fond abyssal » ; ainsi que, par là même, de la façon dont on doit toujours se conduire en suivant l'opportunité du moment – qui chaque fois est différent.

5. Suivre l'opportunité du moment pose néanmoins deux problèmes, l'un moral et l'autre stratégique. Car « suivre », d'une part, qu'on entende bien le terme, n'est pas se laisser entraîner ; il y faut une rigueur intérieure, au risque sinon de voir le sens de l'opportunité dériver en opportunisme. Le problème est donc de penser comment suivre ne soit ni faible ni passif. Et, d'autre part, comment suivre peut-il, à lui seul, être efficace et permet-il d'aboutir, cela sans qu'on ait à prendre l'initiative, et donc sans qu'on ait à la fois à risquer et à se dépenser ?

« Suivre » le moment (hexagramme ***Sui***)

Une figure en traite nommément, « Suivre » (hexagramme *Sui,* 17 ䷐), à lire de près. Elle permet de répondre à la première question à partir de ce qu'on lit de la structure même de l'hexagramme : dans le trigramme inférieur, un trait *yang* (« dur » —) apparaît à la première place sous deux traits *yin* (« malléables », - -) au-dessus de lui ; dans le trigramme supérieur, le *yang* s'accroît et monte jusqu'à la position souveraine de la figure (5e trait), mais « suit » encore un trait *yin* subsistant à son sommet. Ainsi, c'est le *yang* qui suit le *yin*, mais le *yang* est le dur-rigide-pénétrant (masculin), tandis que le *yin* qu'il suit est le mou-malléable (féminin) : autant dire que pour pouvoir véritablement suivre, et non se laisser aller, il faut être doué de fermeté (cf. le commentaire de Wang Fuzhi [114]) ; c'est parce que Confucius possède en lui une parfaite intégrité qu'il peut servir les princes de son temps, et même marcher à la suite de grands seigneurs intrigants, et qu'il n'est dès lors rien pour lui que, comme il le dit lui-même, « il puisse ou ne puisse pas », qui par principe lui convienne ou ne lui convienne pas : parce qu'il « suit » fort de sa rectitude, il peut rester ouvert à tous les possibles et épouser à son aise la moindre opportunité.

D'autre part, suivre procède par transformation de la figure de l'Obstruction ou du Déclin (*Pi*, hexagramme 12 ䷋) : le trait supérieur et s'abolissant du Déclin (*yang*, en 6e position) vient au départ de cette figure-ci (en première position ䷖ → ䷗) et réamorce ainsi le processus qui risquait de se défaire (formant le trigramme inférieur *zhen* ☳ symbolisant le tonnerre et l'ébranlement, d'où vient l'essor). Une leçon en est à tirer. C'est le dur-fort (noble) qui condescend à venir au-dessous du malléable pour rouvrir une possibilité : c'est donc en suivant et épousant (le moment), et non pas en forçant, qu'on sort du déclin. Le texte canonique est : « Le monde entier suit le moment ; et telle est l'importance de l'adéquation au moment[i'] ». Car, si l'on « suit » et que le profit se communique de part en part, note un autre commentateur (Wang Bi[115]), c'est qu'on a « atteint » (obtenu) le « moment »[j'] ; et qui a atteint le moment, le monde entier le suit (cf. la valeur symbolique du trigramme supérieur *dui* ☱ est le « contentement ») : il est dispensé d'« agir », il n'a pas à « s'ingénier ». « Atteindre » (obtenir) le moment ne signifie donc pas s'en saisir, ou le « cueillir », comme on cueille une occasion –, la notion en est trop événementielle ; mais plutôt, comme j'ai tenté de le traduire, être « en phase » avec le moment (le contraire étant « aller à l'encontre », « en sens inverse » du moment). Car on voit que ce qui fait le « moment » est que l'effet engagé est alors enclin à se répandre de lui-même, par « communication », de part en part, dit le chinois, c'est-à-dire au travers même de la situation, celle-ci lui devenant réceptive, et donc sans plus rencontrer d'obstacle ou de limite, à la fois de la façon la plus ample et harmonieusement (sens de *da tong*) ; que cela « passe », en somme (comme on dit qu'un courant passe). Mais qu'est-ce, à vrai dire, que ce « passer » ? L'effet impliqué ne se prévaut plus d'une initiative singulière, répond le commentateur (Wang Fuzhi), mais, se coulant dans le cours des choses, il les induit phénoménalement ; parce qu'il va alors au-devant de leur inclination, il est porté en retour par leur propension et traverse les frontières que dressent d'ordinaire les êtres et les choses, sans avoir à les forcer. C'est pourquoi le monde est dit alors « suivre » de lui-même, et qu'il n'est plus besoin d'« agir ».

« Au moment de s'arrêter, s'arrêter ; au moment d'aller, aller » (hexagramme ***Gen***)

L'idée de suivre et son corollaire : celle du passage, ont beau impliquer en elles-mêmes la continuité, elles ne sont pourtant pas définitives, car aucune situation ne l'est ; sinon, en se poursuivant toujours, « suivre » ferait transgresser les limites, « passer » abolirait les frontières. A quoi s'oppose opportunément la figure de l'Arrêt (*Gen*, hexagramme 52 ䷳) : en haut des deux trigrammes qui se répètent, un trait *yang* (dur) interrompt et bloque la montée du *yin* qui, s'il s'ensuivait encore, conduirait au débordement. C'est là reconnaître que le contrôle et la limitation font également partie de la logique inhérente aux choses et sont un moment nécessaire de leur évolution ; telle est, selon la valeur symbolique de ce trigramme redoublé, la *montagne* s'inscrivant naturellement dans le paysage pour partager les eaux par son relief, varier la végétation selon l'adret et l'ubac et marquer des territoires. Mais l'« arrêt » lui-même est temporaire, il est lui-même habité par son contraire : ce qui est vrai de la « suite » l'est également de l'« arrêt », il ne faut pas s'arrêter à l'arrêt. Le texte de l'Arrêt en prévient : « Au moment de s'arrêter, s'arrêter ; au moment d'aller, aller : mouvement et repos ne perdent pas leur moment, et la voie est lumineuse ». Car c'est seulement si l'on varie opportunément entre l'un et l'autre que, « en allant, on ne s'écarte pas de la rectitude de l'arrêt », ni « en s'arrêtant, on ne bouche pas l'amorce d'un nouvel aller » (Wang Fuzhi[116]) ; c'est même là ce qui fait la constance de l'opportunité : l'un ne se coupe pas de l'autre, mais au contraire le restaure, à travers leur alternance, et rouvre la voie de sa possibilité.

Le moment de la retraite est positif (hexagramme ***Dun***)

Que le moment soit déterminant, voire que tout dépende de son accord avec lui, on le voit bien à la figure de la Retraite (*Dun*, hexagramme 33 ䷠). Sur la figure, le *yang*, qui est le facteur noble, monte et s'en va ; tandis que le *yin,* qui vient (par le bas), le pousse à s'en aller. On pourrait croire le moment négatif pour le *yang* conduit à se retirer, mais il ne l'est pas dans la mesure où la retraite intervient au bon moment : en effet, le *yang* est encore majoritaire au moment où il entreprend de se retirer (cf. les quatre traits *yang* contigus et s'épaulant dans ce départ) et il n'est pas, en haut, de trait *yin* qui puisse faire obstacle au départ – cette retraite est le contraire d'une dérobade ou d'une fuite ; d'autre part, le *yin* qui progresse en reste au stade « humble » des deux premiers traits (représentant la terre) et n'a pas dépassé la mesure (que marque le 2e trait, d'équilibre, au centre du trigramme inférieur) : il n'est donc pas encore pressant pour forcer le *yang* à se retirer. La retraite, intervenant au bon moment, s'opère donc harmonieusement ; ce dont témoigne le fait que les deux traits centraux des deux trigrammes, inférieur et supérieur, sont chacun à leur place (trait *yin* ⚋ à la place paire : 2e trait ; trait *yang* ⚊ à la place impaire : 5e trait) et qu'ils se répondent à distance de part et d'autre des deux trigrammes : à ce stade de la retraite, l'interaction entre les deux facteurs reste assurée. C'est pourquoi le texte canonique peut dire (dans la même formule ; cf. *er*[(k')] : « mais » / « de sorte que ») : « retraite mais essor » et « retraite d'où essor ». D'une part, l'essor est concomitant de la retraite et la compense : en se retirant des affaires publiques, l'homme de bien peut se consacrer à son œuvre d'éducation morale ; de l'autre, l'essor résulte de la retraite pour celui-là même qui se retire : en se retirant à temps, il s'assure ainsi la possibilité d'un retour en force et même commence à l'amorcer. Il aurait été vain, en revanche, de vouloir résister à tout prix, car cela n'aurait pu qu'aboutir à un combat de plus en plus désespéré ; tandis que, parce que la retraite « se passe en accord avec le moment », dit le texte canonique, cette retraite – comme le montre de plus en plus nettement le commentaire des traits individuels (surtout à partir du 3e trait) – se révèle « bonne » et « faste » et même « grasse » par son profit.

Tout moment contient une opportunité, étalée ou esquissée

6. La question que laissait paraître la figure de la Retraite peut se généraliser en ces termes : dans quelle mesure *tout* moment peut-il être dit opportun ? Non pas que je m'en accommode par un effort de ma volonté, pouvant toujours tirer un profit moral de la difficulté rencontrée (le parti stoïcien). Mais – la thèse est beaucoup plus forte – parce que je percevrais en chaque moment - situation des facteurs favorables, si minimaux soient-ils, sur lesquels prendre appui, pour se laisser porter par eux. Certes, le *Classique du changement* compte aussi des traits jugés « néfastes », mais aucune figure globalement ne l'est. Car il fait percevoir, sous l'aspect annoncé de la figure, ce qui se trame en son fond, la livrant à la transformation : ce qui se manifeste de favorable, alors même que cela apparaît, court déjà le risque d'une remise en question parce que travaillé par son évolution ; de même que ce qui s'étale comme négativité porte, au sein même de sa configuration, l'esquisse d'un renouveau possible. Avant même que la figure de l'Essor (*Tai*, n° 11) ne se soit déployée à moitié et n'ait atteint son apogée, nous voici avertis qu'« il n'est pas de terrain plat qui ne soit suivi d'une côte », l'avenir sera plus ardu ; et avant même que ne s'achève la figure du Déclin (*Pi*, n° 12), il est indiqué (aux 5e et 6e traits) que ce déclin est stoppé, puis « renversé ». Qu'on y prenne garde, cependant : il ne s'agit pas là d'une dilution de l'actualité du moment. Ce n'est pas que l'Essor ne soit pas l'essor, le temps de la prospérité ; ni le

Déclin le déclin, le temps de l'adversité ; mais nous voici prévenus, au moment de l'essor, et pour mieux jouir de sa prospérité, qu'il faut rester vigilant ; de même que, au moment du déclin, pour mieux franchir la mauvaise passe à passer, qu'on peut rester confiant. Aucun moment ne pouvant être complètement négatif, en effet, puisque tout moment est *en transition* : en « suivant » le moment et s'y conformant, on épouse aussi, du même coup, cette transition qu'il est intrinsèquement. Ou, pour le dire à l'envers, ce qui rend tout moment opportun est qu'il reste une occurrence : qu'il ne cesse de laisser venir et, maintenant la situation en cours, y préserve des chances de renouvellement.

Le moment du triomphe ne doit pas éliminer le négatif (hexagramme ***Da guo***)

On s'en rendra compte à l'examen de ces deux figures dont le texte canonique indique que leur « moment » est « important ». La première est celle dite « Le Grand l'emporte » (*Da guo*, n° 28 ䷛) : les quatre traits *yang* symbolisant le « grand » s'imposent au centre de la figure, rejetant les deux traits *yin* (« faibles ») aux deux extrémités. Selon le texte canonique : « la poutre faîtière ploie » et, cependant, il y a « essor ». Que la poutre faîtière se dresse ainsi en hauteur symbolise la domination sans conteste du *yang* ; mais qu'elle « ploie » avertit qu'il ne faudrait pas que l'élément fort soit tenté, emporté par son succès mérité, d'éliminer complètement le facteur opposé. Car, à trop bien triompher, il perdrait du même coup la source d'interaction, d'où procède toute réalité et dont il dépend lui-même pour exister. Trop « l'emporter », en somme, serait une « erreur » (cf. les deux sens de *guo* et les commentaires divergents de Wang Bi et Wang Fuzhi [117]) : toute élimination d'un pôle par l'autre est négative, quand bien même c'est le négatif qui est exclu. Ainsi, il est heureux que la raison l'emporte sur les désirs, mais si l'on élimine tout désir, la raison ne peut plus s'exercer, elle est même conduite à s'étioler ; ou encore, il est heureux que l'« homme de bien » soit aux affaires, mais si l'homme de peu en est chassé, une crise ne peut manquer de couver. L'« homme supérieur » doit, au contraire, aller lui-même au-devant de l'élément inférieur – et telle est bien l'importance du « moment » en tant que moment critique – pour maintenir sa relation avec lui ; et c'est seulement alors qu'il y a véritablement « essor ».

« Il est un usage du moment du danger » (hexagramme ***Kan***)

Cette figure dirait le danger du tout positif. Or, la figure suivante, le Danger (*Kan*, nº 29 ䷜) nous apprend deux choses. D'abord, que le danger est structurel : loin de relever d'une intention de nuire, il fait partie intégrante de la nature des choses ; partant, il est « un usage du moment du danger » : le danger sert, en effet, à préserver – tel le ciel par sa hauteur, la terre par son relief ou le roi par ses murailles. « Il faut s'appuyer sur le moment du danger pour rendre sa fonction positive », développe le même commentateur[118]. Son symbole est l'eau. Or, rien de plus transitionnel et dont la nature soit plus difficilement démêlable que l'*eau*. Elle est à la fois, sous sa forme la plus fine, note le même commentateur (Wang Fuzhi), la buée à peine condensée qu'on voit répandue partout dans l'atmosphère, mais qu'on ne peut sonder ; comme, sous sa forme la plus ample, le cours des fleuves et les mers, qu'on ne peut traverser. Elle participe de l'un et de l'autre : de ce qui a déjà pris forme, et s'est actualisé, comme la terre ; et de ce qui n'est encore qu'en mouvement – comme l'air. Aussi sa manière d'être est-elle double également : « aisée » quand elle est en repos, « dangereuse » quand elle est en mouvement. Mais, même en mouvement, elle reste encore exemplaire. Car, loin de s'arrêter pour éviter les obstacles, elle épouse la forme des choses et poursuit son chemin, remplissant à ras chaque cavité rencontrée pour ensuite aller plus loin : il subsiste un caractère « fiable » de l'eau, dans sa démarche, comme, à son image, du danger.

« L'usage du moment de la séparation est grand » (hexagramme ***Kui***)

7. S'il y a opportunité du négatif, c'est donc que l'un ne va pas sans l'autre ; partant, que l'un est la condition de l'autre : du négatif n'existe donc jamais isolément, il est *aussi* la condition du positif –, la vision chinoise est sans diabolisme. On le voit à la figure de la Séparation (*Kui*, nº 38 ䷥) qui fait suite à l'union de la Famille (*Jiaren* ䷤) : dans celle-ci, tous les traits, du 1er au 5e, sont à leur place (traits pairs, *yin*, aux places paires ; impairs, *yang*, aux places impaires) ; dans celle-là, c'est l'inverse, les quatre traits centraux ne le sont plus. Ou, du point de vue des valeurs symboliques de ses deux trigrammes, le *lac* s'écoule vers le bas, le *feu* s'élève vers le haut : autre image de la séparation. Néanmoins, note le texte canonique, « le Ciel et la Terre sont séparés mais /

de sorte que leur activité est commune » ; « Homme et femme sont séparés mais / de sorte que leurs aspirations communiquent » ; ou encore, « toutes les choses du monde sont séparées mais / de sorte que leur réalité s'apparente ». Il n'y aurait ni communication (entre les pôles), ni relation (entre les sexes), ni apparentement (entre les choses), sans ce « moment » de la séparation ; sans lui, il y aurait confusion, et non pas union. « Mais / de sorte que » : une fois de plus, les deux rapports sont indissociables au sein de ce terme unique (*er*) ; car il articule logiquement les deux : le négatif s'oppose au positif comme la séparation à l'union, mais il est en même temps la condition de sa possibilité à venir, et le positif s'ensuivra à titre de conséquence. Prenons donc garde aux rapprochements abusifs qui sont souvent faits dans la Chine moderne – et déjà par Mao lui-même, dans *De la contradiction* – à propos de ce qui serait la « dialectique élémentaire » (prémarxiste) des anciens Chinois. Car le moment de contrariété que symbolise la figure n'est pas celui d'une contradiction dont le négatif appellerait un « dépassement ». Mais, si « l'usage du moment de la séparation est grand », comme le redit ici le texte canonique, c'est qu'il fait percevoir, sous l'un, la possibilité de l'autre et, par là, le principe de leur alternance ; je ne m'arrête donc pas à l'aspect négatif de la séparation puisque je sais voir qu'il est indissociable de l'avènement de l'union et, par conséquent, qu'il est aussi la « voie ».

La contrariété n'est pas la contradiction (par défaut d'un temps dialectisant)

Or, la raison de cette différence des perspectives apparaît bien : cette contrariété n'est pas la contradiction justement parce que n'intervient pas, en Chine, pour articuler le devenir, le concept de temps. Est ainsi pensée la transition – par transformation – d'un moment au suivant (puisque l'« un » ne va pas sans l'« autre »), et donc la variation continue du monde et de la vie ; mais sans que, un moment dépassant l'autre, un progrès ne travaille et n'organise intérieurement ce déroulement : nous n'aurons toujours affaire qu'à des moments, qui ne sont qu'occurrents ; aucun sens, aucun Accomplissement, ne les traverse en les transcendant.

Quand on ne peut plus « aller », laisser « venir » (hexagramme ***Jian***)

Mais comment se comporter dès lors que la voie, devant soi, est bouchée et que le moment est à l'adversité ? On le déduira aisément des analyses précédentes : plutôt que de vouloir aller de l'avant, d'une façon décidée, en forçant par conséquent, et sans prêter peut-être suffisamment d'attention à la difficulté rencontrée, mieux vaut patiemment laisser jouer le renouvellement *s'opérant par soi-même* de la situation. Non pas qu'on n'ose pas ne pas avancer, mais parce qu'on sait attendre la réfection des facteurs en jeu, telle qu'elle est impliquée par ce renouvellement. On le lit à la figure suivante, la Difficulté à avancer (*Jian*, n° 39 ䷦) : cette fois-ci, à la différence de la figure précédente, les quatre traits centraux sont à nouveau à leur place ; et les deux traits *yin*, malléables, aux deux extrémités, invitent à une attitude souple et sans raideur offensive : comme on sait alors s'arrêter devant l'obstacle (cf. le trigramme inférieur est l'Arrêt, *gen* ☶, et le trigramme supérieur le Danger, *kan* ☵), rester souple du début jusqu'à la fin (cf. le premier et le dernier trait, tous les deux *yin*) et laisser la rectitude (cf. les quatre traits centraux à leur place) opérer d'elle-même la régulation, « la persévérance est faste », annonce le texte canonique, et « l'usage du moment est important ». De fait, le premier trait du précédent hexagramme nous avait déjà prévenus : « Cheval perdu – ne pas le poursuivre : de lui-même il revient » ; le commentaire des divers traits de la figure le répète ici en variant : quand « aller » conduit à l'obstacle, laisser « venir » apporte une issue. Que ce venir soit celui de la « renommée » (trait 1), dont la nature est de venir d'elle-même, plutôt que d'être arrachée de force ; ou simplement celui de ce qui « vient en sens inverse » (trait 3) ; ou encore celui de l'« alliance » qui se forme (trait 4), ou de l'« amitié » qui se noue (trait 5), ce « venir » finalement est « grand » et fécond (trait 6). « Aller - venir » : c'est dans ces termes disant la transition, on s'en souvient, que la pensée chinoise a rendu compte ordinairement du monde « en tant qu'il dure » ; de même, la sagesse consistera simplement à laisser jouer cette logique de la transition : quand l'« aller » devient difficile et conduit à l'obstacle, il suffit alors de s'arrêter et de laisser « venir », pour que se résolve d'elle-même, par simple dissolution, la difficulté affrontée.

Le « moment » dont il n'est plus besoin d'« user » : l'auto-dissolution de la difficulté (hexagramme ***Jie***)

Tandis que le temps, en tant qu'agent, est facteur de destruction ou bien, au contraire, de progrès, c'est la durée (du processus) qui résout d'elle-même ce que la situation présente momentanément d'« embrouillé » ou de « noué ». Telle est la figure suivante (*Jie*, n° 40 ䷧), le Dénouement par auto-dissolution de la difficulté. Comme l'avant-dernière figure, celle de la Séparation, les traits, du 2e au 5e, ne sont pas à leur place : image d'embrouillement et de désordre ; mais, comme à la dernière figure, la Difficulté d'avancer, les deux traits des extrémités sont *yin*, « malléables », invitant à la souplesse : tandis que, à l'avant-dernière figure, les deux traits *yang*, aux extrémités, contenaient le désordre par leur rigueur, au moment du Dénouement, l'embrouillement se dissout de lui-même grâce à la « malléabilité » dans laquelle s'opère, d'un bout à l'autre, la transformation impliquée. Aussi le trigramme du danger (*kan* ☵) qui se trouvait en haut (au terme) de la figure précédente se retrouve-t-il en bas (au départ) de celle-ci ; tandis que la moitié supérieure, postérieure, de cette figure-ci est le trigramme *zhen* ☳, le tonnerre et l'ébranlement signifiant l'essor (comme dans la partie inférieure de l'hexagramme « Suivre ») : la difficulté étant traversée, le processus connaît un nouvel essor –, le renouvellement s'opère de lui-même, la transition est assurée. Cette dissolution de ce qui était noué et faisait obstruction est celle qu'on voit dans la nature, indique le texte canonique, quand le tonnerre et la pluie se lèvent et que s'entrouvrent les enveloppes, des fruits et des plantes, contenant l'élan végétal. Si, pour une fois, il n'est pas dit que l'« usage » (ou l'« adéquation ») du moment est important, mais seulement que le « moment » du dénouement est important, c'est qu'effectivement, dans ce moment de déhiscence généralisée, il n'y a pas alors d'« usage » dont il faut tirer parti, ni non plus d'« adéquation » à respecter : la figure « se sert du non-usage comme usage », conclut le commentateur [119], puisqu'il suffit alors d'attendre le moment, et que la dissolution de la difficulté s'opère d'elle-même en « venant » de la seule évolution à laquelle est portée la situation.

Mais peut-on analyser plus précisément ce qui fait que l'embrouillement de la situation se résorbe de lui-même et se dénoue progressivement ? C'est que les facteurs qu'on voit d'abord entremêlés l'un à l'autre, d'où résulte la confusion, se réassocient progressivement chacun de son côté : le *yin* avec le *yin*, le *yang* avec le *yang*, chacun des deux facteurs retrouvant ainsi sa consistance par soutien mutuel à l'intérieur de soi (rapport de type *fu*[(l')], la « fiabilité » : sur la figure, le 5e trait *yin* trouve son soutien dans le 3e trait *yin*, le 4e trait *yang* dans le 2e trait *yang*). Le commentaire des 4e et 5e traits le dit, après que le 3e a laissé voir le dernier moment du désordre : « des amis viennent, d'où soutien » (4e trait) ; « on reçoit le soutien de l'homme de peu » (5e trait). Ce qui « vient » ainsi et rend « à nouveau faste », dit le texte canonique introduisant la figure, vient de cette cohésion que retrouve chaque facteur impliqué se reconstituant en pôle de développement. Or, comme tel, ce *laisser venir* aboutissant à l'auto-résolution de la difficulté fait signe vers la disposition corrélative de l'opportunité : une « disponibilité » au moment qui est d'autant plus grande qu'elle se garde de tout devancement.

VI — DISPONIBILITÉ OU DEVANCEMENT

« Quand je danse, je danse, ... »

1. « Quand je danse, je danse ; quand je dors, je dors ; ... » En frôlant de si près la tautologie, la phrase de Montaigne réussit à dire plusieurs choses à la fois. Elle dit d'abord la variation de l'occurrence et la déploie. Quand et quand : tantôt l'un et tantôt l'autre, la différence sert à scander ; rien ne relie ni ne sert de fond (le « temps »), la seule parataxe construit et crée la tension. Parallèlement, la formule balaie discrètement tout regret quant au caractère éphémère de l'instant, elle ne sous-entend aucune distension - extension dans le temps : ce n'est pas le début et la fin qui déterminent, ni le plus ou moins de temps, mais la capacité propre à l'activité du moment ; car chacun des moments se voit replié sur lui-même, érigé en totalité et formant horizon. Sans que rien ne l'intègre, ou ne le réfère, ou ne le domine – simplement : « quand je danse, je danse » ; en même temps, ces moments variants s'appellent en s'opposant, ils communiquent intérieurement entre eux sous l'effet de leur différence. « Quand » ne signifie donc pas ici « quand a lieu », mais « quand il arrive que ». Ce quand n'est pas à proprement parler temporel, mais il est *occurrentiel* : il ne date pas, ne mesure pas non plus, il ne prétend surtout pas faire événement, mais découpe et distribue des moments - situations : à la fois il confère à chaque moment son individualité et rehausse celui-ci par contraste avec un autre. Danser – dormir. Ces moments sont mis sur le même plan, l'un n'est pas préféré à l'autre et chacun a sa légitimité. La dépense jubilatoire : la « danse » ; ou son envers et son repos – « dormir ». Ce quand alternatif ouvre des possibilités écartées, voire les plus écartées, les plus extrêmes, et la « disponibilité » ne sera rien d'autre, en somme, que de s'y accorder chaque fois – dira-t-on simplement, mais il faudra éclairer la possibilité de ce « simple » – « comme elles viennent ».

« Quand je danse, je danse ; quand je dors, je dors » : en n'ajoutant rien dans la proposition principale à ce qu'avançait la circonstancielle, mais en la reproduisant exactement, la tautologie dit formellement la coïncidence du sujet et de la circonstance. Ou, plutôt, il n'y a plus ici de « circon-stance » qui se tienne périphérique au sujet, ni non plus de « su-jet » dont la perspective, impliquée « sous » et se dressant initiale, se détache de ce qui ne ferait, dès lors, que le con-cerner en le bordant. En les mirant si bien l'un dans l'autre, la tautologie commence de les résorber. C'est même là, non pas ce qu'elle dit, mais ce qu'elle accomplit d'essentiel. Car elle n'avancera rien de plus, elle n'a rien de plus à avancer, mais se contente de dire que, ce qu'il m'arrive chaque fois de faire, je le fais, je le « vis », alors « pleinement » – ne dédaignons pas de repasser par ce parler commun. Et même revenons de bon gré à cet infra-philosophique en commençant par laisser parler ces métaphorisations discrètes, et érodées par l'usage, mais que nous n'avons jamais remplacées (que nous ne savons remplacer). « Plein », disons-nous : qui contient autant qu'il est possible... Le moment, non pas « main-tient », de force, en tenant par la main et serrant la prise – pour échapper à la fuite du temps, tel le « main-tenant » que vise encore la description phénoménologique –, mais *con-tient* : ce *cum* qui sert à tenir est bien celui, selon nos termes ordinaires, du con-texte ou de la circonstance, *i.e.* du moment - situation. Au lieu de se définir par extension, d'un bout à l'autre, d'un point au suivant (sur la ligne du « temps »), c'est, à l'inverse, ce que le moment réussit à creuser par différence qui fait paroi, formant sa capacité – au sens premier, *capacitas*, celle d'un récipient – et ainsi, par contraste, le fait ressortir.

Dans cette cavité du moment se recueille de la présence à soi, au lieu de « passer », elle s'y « ramène », comme dit Montaigne : « ... voire et quand je me promène solitairement en un beau verger », poursuit-il jusqu'au bout sa phrase, « si mes pensées se sont entretenues des occurrences étrangères quelque partie du temps, quelque autre partie je les ramène à la promenade, au verger, à la douceur de cette solitude et à moi ». La formule ne serait pas tant à lire comme un rappel à l'ordre et retour (moral) à la perspective prioritaire d'un Moi-sujet se gardant de la dispersion-distraction dans le monde, que comme la façon dont, à partir de la disponibilité au moment, ouvert jusqu'à l'occurrent le plus « étranger », est portée à se reconfigurer la possibilité d'un sujet qui ne se pose pas autonome – d'un point de vue transcendantal, ou moral, ou psychologique –, mais selon une structure beaucoup plus poreuse, et au creux même d'une immanence : promenade - verger - douceur..., s'éprouve affecté, induit et traversé – c'est elle qu'il faudra tenter de décrire.

La tautologie prévient le devancement

Mais on peut tout aussi bien aplatir la différence et la résorber, aplanir le « déroulement » du devenir et, le cours alors devenant étale, s'étendant homogène, on anticipe alors « dans le temps ». Ce que prévient la tautologie. En imposant un surplace momentané du sens – en ne le laissant pas progresser discursivement comme on l'attend – la tautologie signifie que je me garde de *devancer*. Je ne déborde du moment ni par le désir ni par la pensée. Je coïncide : quand je danse, je *danse*, je ne fais que ce que je fais, j'épouse ce fait de danser. Ou, pour le dire dans les termes de Montaigne, ce moment, je ne l'« écume » pas, je le « sonde » et « plie ma raison à le recueillir » ; je ne m'y « cloue » ni ne m'y « vautre », mais je m'y « applique », je le « retâte », je m'y « tiens »... Le « dormir » même serait à capter pour en éprouver sur le coup la qualité, au lieu de le laisser s'écouler par inconscience : à cette fin qu'il « ne m'échappât pas ainsi stupidement,

Le plus difficile ?

j'ai autrefois trouvé bon qu'on me le troublât pour que je l'entrevisse »...

Un « bon » moment, disons-nous aussi – et même, un jour ou l'autre, nous l'avons tous dit –, mais de façon trop familière, le plus souvent, pour s'arrêter à le penser : pour penser à le penser. Un moment ne se déterminant pas par son début et sa fin, comme intervalle et laps de temps, il se spécifie effectivement par sa qualité : en quoi il s'apparente à la saison ; s'il sous-entend une certaine durée, ce n'est point elle qui le définit, mais il se découpe et promeut son unicité par la façon « disponible » dont il est, non pas choisi - gardé : « cueilli », tel l'instant –, mais, comme advenant, *accueilli* : comme *tel*, et quel que soit le moment, et sans que rien d'extraordinaire n'y soit impliqué (par différence avec l'événement : les moments les moins « extraordinaires » peuvent être aussi les plus profonds : « recueillent » le plus, ont la plus grande « capacité »). C'est la disponibilité, en effet, qui, rompant avec l'enlisement dans le temps, détache chaque nouveau moment pour en faire un moment nouveau, inédit, à inaugurer. Aussi l'ampleur définissant le moment varie-t-elle à notre gré, il n'y a pas là de mesurable comme « dans le temps » : ce peut être ce moment où nous échangeons ces paroles, ou plus largement la promenade où ces mots se disent, ou plus largement encore le séjour à la mer où cette promenade a lieu...

Le « creusement » du moment

Un moment n'a pas début et fin, mais il s'ouvre et se referme ; il ne se définit pas par des extrémités mais, *en se creusant*, il se borde de seuils et de degrés : à la différence du temps qui est extensif, le moment est un intensif ; tandis que tout laps de temps est fini, le moment est un infini – voire, c'est dans le moment que la vie trouve sa seule dimension d'infini –, il est un inépuisable. Car, au lieu de tendre indéfiniment vers sa suite, vers sa fuite, comme le fait hémorragiquement le temps, un moment se définit, ou plutôt se constitue par le fait qu'il se tourne vers lui-même, tandis qu'il s'écoule, se centrant sur sa qualité et s'approfondissant en elle : d'où se dégage une nouvelle perspective qui est celle, non plus du passage (isolé dans ce que nous nommons le « temps »), voire de la fuite, mais – comment le représenter autrement ? – je l'ai déjà proposé : de son « creusement » (cf. Baudelaire : la musique « creuse » le ciel). On ne sort pas à son égard de la métaphore de l'enfoncement (dans ce sans-fond possible du moment). On pourrait dire ainsi : dès que s'opère ce « tourner vers soi » du moment, s'auto-référant (ce que dit si bien le « quand je danse, je danse ») et procédant à son « recueillement » (je « plie » ma raison à le « recueillir », poursuit Montaigne), il y a « creusement », tel est le surplace signifié par la tournure tautologique, il y a « moment » : un moment prend consistance, plissant le devenir et le variant. Plus précisément : il y a ce qu'on pourrait appeler un *effet* de moment ; et c'est dans cet effet de moment (et la conversion qu'il implique par ce « tourner vers ») que consiste – prend consistance – ce que nous entendons d'ordinaire par la « disponibilité ».

« Disponibilité » : à penser selon le moment

2. Je proposerai donc de penser la disponibilité à partir du *moment* plutôt que de l'« intériorité ». Car j'ai déjà dit la gêne que j'éprouvais à traiter de la « disponibilité » dans notre langue, sa notion s'y trouvant prise dans une subjectivation qui en gauchit le principe et la contamine : notion demeurant flasque, *inconsistante*, parce que ne trouvant pas sa place dans le domaine de la « connaissance » ou de l'« action », entre les facultés constitutives de l'entendement et de la volonté, elles qui traditionnellement, chez nous, ont fait le « sujet ». Or, que dit la disponibilité si ce n'est justement que l'initiative ne vient pas d'un « sujet » ? Si, comme on l'a vu, Montaigne échappe à ce travers, et cela le rend unique, c'est que la figure d'un Moi-sujet, ou plutôt son dispositif, est encore – avec lui (avant Descartes) – en train de se constituer, qu'il ne s'est pas encore érigé, raidi, en sujet « cogitant » et voulant, et comme tel régissant le monde ; et aussi que Montaigne, comme Machiavel, sous ce jour montant de la Renaissance, se trouve le plus libre du moralisme et de ses attendus. En outre, sa langue innovante, hardie, lui permet un renouvellement vigoureux de la métaphore, grâce à quoi, tenant en mains le phénoménal, il réussit à se garder de cet autre écueil : le psychologisme. Car il faut éviter les deux pour penser la disponibilité, celle-ci n'est une catégorie ni morale ni psychologique, et c'est pourquoi elle nous échappe, tant nous pensons d'ordinaire, en Europe, selon l'un ou l'autre de ces registres. Aussi, quand je dis de les éviter, cela signifie-t-il bien autre chose, exige de revenir bien plus en amont, que s'il s'agissait seulement de les contester, comme l'a fait Gide, et quelle que soit la véhémence qu'on mette alors à sa déclamation – la notion est à décaper. Ou plutôt, ce n'est pas tant elle qui est en cause que le cadre (théorique) dans lequel nous échouons à l'inscrire et qu'il convient de réaménager pour y implanter ces conditions de possibilité. Car, si la disponibilité, comme notion, ne peut trouver chez nous de consistance, c'est qu'elle souffre comme mode d'adéquation – l'adéquation au « moment » – de l'ombre que lui font, dans la tradition européenne, ces adéquations majeures : celle d'avec le modèle ou la norme, fondatrice de la morale ; ou celle de l'esprit avec la chose, fondatrice de la vérité. Elle est flottante (« au gré »), les autres sont arrimées (au socle de l'ontologie, de la théologie, etc.).

Ni moral ni psychologique : où le penser ?

Parce qu'elle ne s'est pas appuyée sur ces effets de socle-là, ni ne répond à de telles exigences, la pensée chinoise était beaucoup mieux disposée, en revanche, à penser la disponibilité ; c'est même à travers elle que, de façon privilégiée, on pourra explorer des conditions de possibilité de sa notion *, tant il apparaît que sa tradition

* Je poursuis ici des analyses entamées dans mon précédent essai : *Un Sage est sans idée*, Paris, Seuil, 1998, p. 157s. J'y entreprenais de donner consistance à la notion de disponibilité à partir de l'« égale » ouverture de l'esprit du Sage accédant à l'« ainsi » des choses ; or, cet « ainsi », immanent et variant, se révèle selon le « moment ».

antique, sur ses deux versants, taoïste et confucéen, s'entend et se rejoint à son endroit. Dans le confucianisme ancien, il n'est pas de norme constitutive de la vertu, celle-ci se conçoit selon ce qu'appelle la situation, tel le « sens de l'humain », *ren*, défini de façon très diverse, voire opposée, selon les interlocuteurs auxquels s'adresse tour à tour le Maître, au cours de ses *Entretiens* ; l'on ne saurait, par conséquent, caractériser le sage, ni non plus l'accès à la moralité, autrement, nous le savons, que par le « moment ». De leur côté, les penseurs taoïstes ont explicitement critiqué l'« adéquation » sur laquelle repose le rapport de connaissance pour penser à sa place, et sur ses décombres, ce que j'ai choisi de nommer la *congruence*. « Con-gru » signifiant, au sens propre, ce qui est parfaitement adapté à un moment - situation ; ce congru est l'« à propos », son accord se déploie sur le plan, non du connaître (ou de l'agir), mais du « vivre ». Ou plutôt, ce qui fait le « vivre », et là est la difficulté de le penser – et là sera la fécondité développée par le taoïsme – est qu'il ne se détache sur aucun « plan », se pense en amont de tout clivage : on s'y « ouvre » tout autrement qu'à la connaissance.

Adéquation ou congruence

S'il faut se défier du désir de connaissance, dit en effet le penseur taoïste (Zhuangzi), ce n'est pas seulement que ma vie est « limitée », tandis que la connaissance est « sans limites », et que de poursuivre l'illimité avec le limité est « périlleux »[120] ; c'est aussi – surtout – que la connaissance « a de quoi elle dépend pour être adéquate » et que ce dont elle dépend ainsi n'est pas déterminé[121(m')]. En l'absence d'un objet stable, la seule adéquation possible se livre, on l'a vu, dans l'*aller-venir* : « disponiblement aller - disponiblement venir[122(n')] », telle est la devise que le penseur taoïste oppose à l'impossibilité de la norme et du vrai. Un « objet » ne se constituant pas, ne se constitue pas non plus en regard, par conséquent, de sujet autonome, et la disponibilité naît de / à leur non-démarcation ; non que le penseur taoïste n'ait pas l'idée de celle-ci – on

Disponibilité taoïste au « moment » : portrait du Sage

en trouve la notion jusque dans cette phrase : « il y a ce qu'on attend » / « dont on dépend » (*you suo dai*) –, mais il n'a garde de consommer cette rupture, et surtout de la rendre fondatrice. Je traduis ici par « disponibilité » une de ces expressions chinoises dont le sens, ou mieux la « signifiance », est indéfinie – un appel de sens plutôt qu'un sens –, et qu'on glose traditionnellement par : « sans contrainte », « délié », « librement », « en laissant aller »... ; cette adéquation qui se vit par alternance aussi spontanément qu'une respiration est l'accord avec le moment s'opérant au gré. Car, de l'homme « authentique », est-il dit quelques lignes plus haut [123], au départ de ce portrait du sage, il ne (se) force pas pour devenir un « héros » – il ne se raidit pas – et se garde d'ériger plans et projets : il ne régit pas le monde. Quand il rate (« dépasse »), il ne le regrette pas, de même que, quand il est « adéquat », il ne se l'attribue pas ; c'est dire qu'il n'est plus d'occasion pour lui qui soit à « saisir », ou qu'il ait peur de manquer, dont le profit lui soit un mérite et qu'il puisse revendiquer : accueillant tout moment comme il vient, à égalité, il n'a plus le souci du *kairos*, plus ou moins ponctuel, et échappe enfin à l'alternative : tomber juste ou pas. Le Sage se définit davantage par son ouverture continue à l'occurrence, avons-nous vu, que par une exploitation focalisée de l'occasion. Se gardant de toute prise de distance réflexive (disjonctive) *sur* « ce qui » lui vient, il n'est pas plus « oublieux de son origine », est-il dit à la suite, qu'il n'est en quête de sa destination : il ne se demande pas quand / comment « cela va finir », il n'a garde de s'interroger sur le sens - aboutissement ; quand il « reçoit », il s'en réjouit, mais il sait tout aussi bien s'en « détacher » (l'« oublier »), quand vient le moment de « rendre »...

Quand l'ouverture à l'occurrence dissout l'occasion

Ne se constituant pas à partir d'un ensemble cohérent de facultés, ni n'érigeant de perspective hégémonique, le « sujet » reste en creux au sein de ce portrait ; que seule sa disponibilité le caractérise tient à ce qu'il ne se confère pas de prérogatives – à ce qu'il ne *s'arroge* pas ni ne préjuge[(o')]. Comme aucun trait en lui ne forme arête, il ne peut entrer en conflit avec le moment occurrent : « Quand arrive le venir, tel est le moment du Maître ; et quand arrive le partir, telle est [la capacité] du Maître à se conformer [124 (p')] » ; ou encore, il suffit de savoir « trouver la paix [stabilité dans] le moment et de résider [dans la capacité à] se conformer ». Voici qu'un sage, tombant malade, devient difforme, ses joues tombant au-dessous du ventre tandis que ses épaules vont dépassant son crâne, les vertèbres pointées vers le ciel... Mais, rampant jusqu'au puits pour s'y regarder, il n'en a pas horreur : « que petit à petit [il] emprunte mon bras gauche pour le transformer en coq, je m'en servirai pour annoncer l'aube ; que petit à petit [il] emprunte mon bras droit pour le transformer en arbalète, je m'en servirai pour abattre une caille pour mon dîner... ». Selon l'occurrence : « obtenir » est le fait du moment, « perdre » invite à se conformer. Qui « trouve la paix dans le moment et réside dans [la capacité à] se conformer » n'est plus accessible à la joie ou à la tristesse selon qu'il perd ou qu'il gagne ; et c'est là, commente le penseur taoïste, comme d'« être délié de ses liens par la divinité ».

Quel « déliement » : taoïste ou platonicien ?

Certes, on pourrait ne voir là que mépris du corps, tourné en dérision ; mais l'anecdote signifie bien plutôt, dans sa tournure ironique, qu'on se dispose de bon gré à toutes ses transformations, si cruelles qu'elles puissent d'abord apparaître. Certes aussi, on retrouve bien là exactement la même image que chez Platon : avant que le « dieu », par la mort, n'ait complètement « délié nos liens », délions-nous dès cette vie, dit Socrate, par la philosophie [125]... Même motif et qui, de part et d'autre, se voit répéter par la suite, celui-ci fait thème. Mais la « même » image s'entend pourtant très différemment, voire l'écart qui s'y creuse suffirait à symboliser la distance des conceptions qui se croisent en elle. Car, tandis que le déliement platonicien (*lusis*), de type philosophico-religieux, appelle à la libération de l'âme par l'ascétisme, ce corps lui faisant obstacle, du moins dans cette tentative extrême de rejet du sensible que constitue le *Phédon*, le déliement taoïste, celui de la sagesse, s'entend simplement par congruence avec le moment – avec tout moment ; cette « déliaison par soi-même » est déliaison du lien par lequel les êtres et les choses, sinon, nous enchaîneraient ; elle ouvre, non pas sur une espérance *future* (dans l'attente de l'immortalité : le dernier jour de Socrate), mais sur ce qu'il nous reste à concevoir comme la source, par simple disponibilité au moment, d'une actuelle et constante « sérénité » – ce terme aussi est à sortir du sous-moralisme - sous-psychologisme dans lequel il traîne, et est à raviver.

Quelle consistance possible à ce terme : « sérénité » ?

3. Qu'on réentende bien ces deux mots – deux mots suffisent, en effet : « [trouver la] paix [dans le] moment » (*an shi*). Du moins, tels que ces deux mots se laissent le plus succinctement traduire, car on n'en finira pas de déployer cette expression de la sérénité : y trouver son « contentement », dit-elle aussi, y trouver le « repos », la « stabilité »... Sans en déborder par l'espoir ou par l'inquiétude. Sans laisser menacer ce moment par l'avenir, ne serait-ce que subrepticement ; ni non plus s'y tourner résolument vers le futur, comptant s'y sauver. A l'autosuffisance « reposante » et *sérénisante* du moment, telle que la dit ici l'expression chinoise, s'oppose le *manque* inhérent au temps et le travaillant : tandis que la qualité particulière au moment en fait une totalité (un *holon ti*, dirait Aristote) et creuse en lui sa plénitude, l'homogénéité du temps déroule un futur où ne cesse, par anticipation, de s'élancer la pensée. On « séjourne » dans le moment, nous dit l'expression chinoise (cf. *an ju, an chu*[q']), mais on *traverse* le temps. Plus les moments voient résorber leur différence, plus le temps s'enfile ; la vie s'y dilue, à perte de vue –, bref, la disponibilité est du moment, le temps est au devancement.

Le manque d'être (du temps) nous précipite vers le futur : Plotin

En liant, pour les opposer, l'être et le temps, Plotin a bien vu, en effet, que, si nous courons vers le futur, c'est que nous « manquons » d'être [126]. Pour le « tout » véritable, rien n'est dans le futur, « car dire qu'une chose est pour lui dans le futur, c'est dire qu'elle lui est manquante (*elleipon*), donc qu'il n'est pas le tout ». En revanche, retranchez l'avenir aux choses engendrées, et vous les privez d'être : si tout en ce monde se « hâte » ainsi vers l'avenir « sans consentir à s'arrêter », c'est bien pour « tirer de l'être à soi », comme le dit excellemment Plotin, en faisant sans cesse « autre chose et encore autre chose ». Plus je fais et plus j'existe, je suis donc précipité vers ce faire. Aristote le disait déjà : le temps, accompagnant le mouvement, est de l'ordre de la puissance, non de l'acte et du plaisir qui, eux, sont « hors du temps ». On peut donc une fois de plus les confronter. Dans la pensée tragique qui est celle du temps, opposé qu'il est à l'éternel, le temps précipite en avant pour combler le manque – impossible à combler – du présent ; tandis que, dans la pensée sereine du moment, chaque moment, telle chaque phase ou « saison » du devenir, advient non par défaut du précédent, mais pour faire valoir sa propre différence en le renouvelant ; comme tel, il est unique (et total) en sa qualité, il est tout un paysage : c'est pourquoi qui s'ouvre à cette unicité n'est plus porté à passer au travers et le devancer, mais peut y trouver un « séjour » (*an*) et s'y déployer.

« Toujours déjà devant » (Heidegger)

La pensée du temps peut-elle sortir de cette course et précipitation en avant ? On peut en douter, me semble-t-il, si l'on s'en rapporte à *Etre et temps* ; la déconstruction de la métaphysique, autrement dit, n'en a peut-être pas moins laissé quelque chose d'intouché – d'« imbougé » – concernant le temps. Car, quelque soin qu'on prenne à distinguer l'avenir heideggérien du futur au sens commun (celui du « pas encore maintenant mais plus tard »), et même si l'on considère que les trois temps – passé, présent, futur – ne doivent plus désigner désormais des « maintenant » se succédant sur la ligne du temps, mais sont à penser comme des modalités co-originaires de l'existence, on n'en retrouve pas moins, jusque chez Heidegger, la figure d'un existant humain qui, comme « être-là », *Dasein*, est toujours « déjà en avance sur soi » (*je schon vorweg*). En tant qu'être tendu vers son pouvoir être, et dont l'avenir, *Zukunft*, est « le venir jusqu'à soi à partir de chaque possibilité qu'il est », il y a toujours un *restant en attente de pouvoir être* qui le fait tenir en dehors de soi (*ausstehen*), ou plus précisément, *au-delà de soi* (*über sich hinaus*) et le définit comme « être vers » (*zu*) : « Il y a dans le *Dasein*, aussi longtemps qu'il est, chaque fois quelque chose qui reste encore en attente et qui est ce qu'il peut être et ce qu'il sera[127] ». C'est donc à partir de l'avenir et de son primat, c'est-à-dire de l'anticipation de sa fin – puisqu'il est conçu en tant qu'« être vers la fin » – que s'entend le sens propre de son être comme « être fini »[128]. Lorsqu'il n'a plus rien en attente, il n'y a plus d'« être là », *Dasein*, c'est la mort ; mais, tant qu'il « existe », l'incomplétude qui le caractérise essentiellement, sur le mode du « ne pas encore » (*noch nicht*), fait qu'il lui appartient de « devoir *devenir* lui-même ce qu'il n'est pas encore, c'est-à-dire de l'*être* »[129].

Etre « vers la fin » et devancement temporel (existentiel)

Ce qui, somme toute, chez Heidegger, non pas thématiquement, ou même seulement notionnellement, mais dans la condition de *possibilité* de sa pensée (formant ce que j'appelais précédemment un « pli » européen), n'est pas si différent de Plotin : ce « pas encore » du *Dasein* est celui qu'il *a à être*. Je me doute que je choquerai nombre d'heideggériens en disant cela, mais je ne vois pas comment – de Chine – échapper au constat de ce que, tout en critiquant le plus explicitement la conception commune du temps, celle qui nous vient d'Aristote, pour remonter à une conception du temps qui soit véritablement « originaire » et non plus dérivée, Heidegger n'en est pas moins demeuré dépendant de la conception européenne (et physique) d'un temps homogène - abstrait lui faisant concevoir l'existant humain comme projeté et marchant *vers*. Ou, du moins, la sous-entend-il encore (ne peut-il pas complètement ne pas l'impliquer). Car, sinon, comment concevoir cette possibilité de traversée de part en part – d'un bout à l'autre – qui me *donne* dès maintenant *à* envisager ma fin, seule façon de saisir mon « pouvoir être » en son entier ? Même si ce « finir » (de la mort) n'est pas pour Heidegger d'« être à la fin », comme il le précise pour se séparer de la conception courante du temps, mais celui d'un être *vers* la fin, sa fin étant une manière d'être que le *Dasein* assume sitôt qu'il naît, il n'empêche que, si l'existant est porté à *se rapporter déjà* à sa fin, c'est qu'est privilégiée en lui, comme constitutive de son « existence », la fonction d'*anticiper*. La disponibilité, elle, comme ouverture au moment, est de se garder d'anticiper ; et l'on voit comment, dans sa structure propre, le moment qualitatif, occurrent par immanence, que développe la pensée chinoise, fait barrage à ce *vers*, à ce *zu* : il enraye cette interprétation de l'existence appelée au devancement (*Vorlaufen*) ; de même qu'il résorbe d'emblée toute question touchant à sa destination. La sagesse serait même à concevoir à l'inverse : elle est atteinte quand, le sage « reposant » dans / sur le moment, et y trouvant son assiette (sens de *an*), plus rien pour lui ne se tient encore au-dehors à titre de possibilité à réaliser, dans l'avenir, pour exister pleinement.

Le tout est là, se renouvelant, du moment

Ou, pour mieux séparer la disponibilité du devancement, on pourrait s'en retourner vers ce que nous a déjà fait rencontrer inopinément la langue : tandis que le temps qui passe porte au devancement en faisant anticiper sur l'avenir, le temps qu'il fait appelle à la disponibilité en faisant varier les moments. C'est d'ailleurs l'attention que portent les Chinois au temps qu'il fait comme à l'ordre des saisons, dont ils n'ont cessé de dire combien il est déterminant pour la vie agricole, que l'on retrouve dans ce sens « chinois » de la disponibilité (au moment). On l'entend déjà dans les premiers poèmes de la Chine (le *Shijing*) – mais laissons là l'anthropologie ; l'expérience en est actuelle : le retour du soleil fait vibrer la campagne, conviant à partir y marcher ; soudain il pleut : je contemple derrière la vitre le remous des nuages colorant la mer. Les deux également sont beaux, ils s'éclairent l'un par l'autre, et tous deux ont lieu d'être ; on ne saurait souhaiter un éternel été... Si le temps qui passe est jonché d'événements, plus ou moins importants et qu'on hiérarchise, le temps qu'il fait se distribue en moments, creusant la différence et se démarquant *également* l'un de l'autre au cours de leur variation ; or, c'est en appréciant cette différence qu'on est sensible à leur qualité, comme en épousant leur alternance qu'on est porté à les « habiter ».

Ou, pour mieux percevoir comment, dans sa plénitude, le moment peut dissiper l'avenir, on s'en référera au témoignage du moment amoureux (se reportant plutôt, cette fois, au roman européen : Stendhal ; ou Baudelaire : « Le Balcon » ; mais déjà Rousseau). Le moment amoureux est un « tout », mais différent de ce tout de l'instant du plaisir hors du temps d'Aristote. Car il se déploie et *se renouvelle*, au cours de lui-même, en même temps que, désormais, plus rien n'est attendu – que reste-t-il à anticiper ? Un « tout est là » s'opère, sans néanmoins se laisser figer, dans ce comblé du moment, en une morne « éternité ». Ce n'est pas tant que l'avenir alors n'importe plus, ou qu'il serait définitivement pâle au regard du flamboiement de l'instant présent, mais que le moment qui se vit absorbe alors en lui tout « pouvoir être », replie en lui, et éteint, toute finalité.

Le « sens de la vie » ?

4. C'est patiemment que, revenant sur mon expérience de sinisant, j'ai été conduit à dégager la question. Car, après avoir appris le chinois, ou plus exactement : avoir commencé de l'apprendre, ce détour par la Chine n'en finissant pas, il faut se déshabituer du chinois pour le reconsidérer à distance, résistant à la « sinisation » – comme, précédemment, on a souhaité prendre ses distances vis-à-vis de l'« Occident » –, et y lire ce qu'il ne dit pas. Or, que ne « dit » pas le chinois ? Que ne dit-il pas que « nous » disions nous-mêmes sans plus y penser, tellement cela a fini par habiter la langue – la langue européenne – et que, désormais, nous y sommes faits ? Ce que ne dit pas le chinois est le « sens de la vie » De là, la question qui nous servira de guide pour sonder l'essence de la disponibilité opposée au devancement : pourquoi donc la notion d'un sens de la vie n'a-t-elle pas trouvé à se faire jour en chinois ? Car on n'en rencontre rien d'approchant en chinois classique (mais seulement le « lot-destin » de la vie, *sheng-ming*) ; et je ne vois guère, non plus, comment traduire en chinois moderne quel sens a la vie (sinon en y greffant une signification nouvelle ; j'hésite entre : quel « contenu de sens » (*yisi*) ? ou quelle « importance » (*yiyi*) ? ou quelle « valeur » (*jiazhi*) ? ou quel « objectif » (*mudi*) ?, ...). « Quel sens a la vie ? » révèle le plan métaphysique de notre pensée jusqu'au sein de l'expression courante, la formule est de tous les jours. Or, si celui-ci ne s'est pas déployé en Chine (du moins dans la Chine pré-bouddhique, mais le bouddhisme vient d'Inde), je crois en apercevoir aujourd'hui une raison possible, ou du moins une figuration possible, en rapport à la question du « temps ». Quand je pense la vie sous l'horizon du temps, et l'envisage par conséquent comme une traversée, je suis d'emblée conduit à me poser la question du sens (*Sinn*) de cette traversée : pourquoi (à quoi bon ?) aller d'« ici » à « là », *d'*une extrémité *à* l'autre, de ma naissance à ma mort ? – on connaît la suite. Mais, si je pense le vivre selon l'occurrence du moment et comme une transition continue, un moment appelant l'autre et tous ces moments se justifiant du seul fait de leur variation, tous se rehaussant mutuellement, disparaît l'angle de vue *décollant* – le « temps » – d'où émanait la question du sens, la question d'elle-même se dissout. *La* question n'a plus « lieu » d'être ; ni non plus cette tension existentielle – et beau drame ! – qu'elle organise.

Ecart, ou comment est enrayé le devancement qui appelle un « sens de la vie »

J'en reviens, par conséquent, à la question de la non-question, et tel était peut-être, en effet, ce qui faisait la plus grande force de la formule de Montaigne : « Quand je danse, je danse ; quand je dors, je dors... ». Car cette formule est sans recul et sans perspective. Danser - dormir, rien n'y dépasse cette alternance des moments, elle s'auto-justifie par sa variation, à l'image des saisons, il n'y a pas là de perspective *projetante* (temporelle) permettant l'être-en-avant-de-soi qui fait l'existant « exister » ; tombe du même coup le *vers, zu,* de son « être vers ». En repliant le moment sur lui-même par sa tournure tautologique, en le mirant et l'éprouvant en lui, la formule de Montaigne dit sur son revers, d'autant plus significatif que son endroit tautologique paraît ne rien avancer, qu'il n'y a pas à envisager plus loin – au-delà – que le moment pour le déployer ; ni non plus à s'acharner à trier en lui, comme le font les Stoïciens, pour s'y cantonner. Elle dit, par sa réserve, le refus de se penser comme un existant projeté ; de même que, par son insignifiance, celui d'avoir à donner sens à – cette formule est résorbante. En quoi elle n'est pas qu'une simple « formule », à caractère discursif, mais suffit à constituer par elle-même un dispositif anti-spéculatif enrayant la pensée du temps. Bref, elle dit – ou plutôt, elle *opère*, par cette monstruosité discursive qu'est sa quasi-tautologie – le refus de la « thèse » par laquelle Heidegger résume à quoi aboutit, pour une si large part, la pensée européenne : « le sens du *Dasein* est la temporalité » (*Der Sinn des Daseins ist die Zeitlichkeit*)[130].

Rapprochements, ou comment Heidegger aide à lire la pensée chinoise

Il y aurait pourtant au moins deux points cruciaux, ou pour mieux dire initiaux, par lesquels la déconstruction heideggérienne se retrouve en accointance avec la pensée chinoise (et qui justifient qu'on puisse la convoquer pour faire pont avec celle-ci). Le premier, de méthode (ne pas fragmenter le phénomène pour ensuite devoir en « recoller » les morceaux...), est de considérer que l'être au monde (*In sein*) est un phénomène unitaire, originaire, et que, à ce titre, il est constitutif de l'« être-là », *Dasein*, qu'est l'existant humain : « Il n'y a rien de tel que la juxtaposition d'un étant nommé *Dasein* avec un autre nommé monde[131] » ; « L'homme n'"est" pas en ayant encore en plus un rapport d'être au "monde" qu'il se procure à l'occasion ». Or, toute la tradition chinoise dit aussi, depuis l'Antiquité, et c'est même ce qu'elle ne cesse de thématiser, que le « dehors » et le « dedans », selon leurs modes les plus divers, ainsi l'« émotion » et le « paysage » en poésie, sont originellement ouverts l'un à l'autre, et donc indissociables l'un de l'autre ; elle n'a pas songé à désengager de son monde le « point de vue » de la conscience pour l'ériger en « sujet » isolé (cf. ce qui a été dit précédemment du rapport sujet / circonstance). La première conséquence en est le statut de la connaissance. Que, comme le montre si rigoureusement Heidegger, le connaître ne puisse créer de sa propre initiative un « commerce » du sujet avec un monde, mais que la relation sujet-objet qui détermine la connaissance ait tendu à recouvrir (en Occident) cette structure de l'être au monde (jusque dans le « je » kantien qui, retombant dans le travers substantialiste, en oublie qu'il « est » chaque fois en tant qu'il est en un monde), voilà qui ferait mieux mesurer, et non plus sur le seul mode de la déficience, la réticence chinoise à dégager un plan abstrait du connaître et du théorique.

« Etre-au-monde »

Un point suivant d'accord tient à la façon dont Heidegger dégage un point de vue de l'« utilisabilité » (*Zuhandenheit*) dévoilant une structure d'être plus originaire que dans le rapport de connaissance réduisant l'être au monde à la relation sujet-objet. On connaît le point de départ de la question : pourquoi les Grecs ont-ils « laissé justement dans l'ombre » le caractère pragmatique des *pragmata* (en tant que ce à quoi on a affaire dans la préoccupation quotidienne) pour les déterminer d'emblée comme de « pures et simples choses » (et, comme telles, réser-

« Utilisabilité » et processivité

vées à une connaissance théorique)[132] ? Ce que les « Grecs » auraient ainsi laissé dans l'ombre, on pourrait dire que c'est ce que les « Chinois » ont justement tenté de porter au jour, la Chine n'ayant cessé de penser les « choses » en termes de marche des choses (*yong*), de « viabilité » et de fonctionnement (cf. le thématisme chinois de la « voie », *tao*). La particularité de ce qui est immédiatement utilisable, note Heidegger, « est de s'effacer pour ainsi dire derrière son utilisabilité pour être justement, au sens propre du mot, utilisable ». Or, cette formule gloserait au mieux celle du *Classique du changement* (*Yiking*) : le *tao* [la « voie »] « est enfoui [non manifeste] dans son fonctionnement[133(r')] ». Autrement dit, que le caractère de monde-en-tant-qu'il-marche ne se signale pas à l'attention est la condition de possibilité de sa marche ; c'est cet enfouissement (effacement) de la capacité propre au procès des choses qui fait leur « processivité ». Ce qui ne manquera pas d'éclairer deux points cruciaux quant à la Chine. « *Un* outil [utilisable] n'"est" en toute rigueur jamais », dit Heidegger[134], « Ein *Zeug "ist" strenggenommen nie* ». Il n'« est » jamais parce qu'il n'est jamais isolément ; en tant qu'un quelque chose « qui est fait pour », il lui revient d'appartenir toujours chaque fois à un « ensemble d'outil » (*Zeugganzes*) à l'intérieur duquel seulement il peut être ce qu'il est : voilà qui commencerait d'éclairer pourquoi la Chine, dont la vision est initialement fonctionnelle, et donc relationnelle et globale, n'a pas dégagé (isolé) de verbe « être » en chinois classique, donc n'a pas conçu d'essence ni ne s'est engagée sur la voie de l'ontologie. D'autre part, il apparaît bien à partir de ce clivage : connaître / utiliser, qu'il est un mode du connaître, propre à l'utilisable, qui n'est pas de type spéculatif (celui que Heidegger nomme « discernation », *Umsicht*) : « Le regard qui se borne à considérer théoriquement une chose est dépourvu de tout entendre de l'utilisabilité » ; inversement, cette capacité d'employer (utiliser) n'est pas aveugle, elle a « sa façon de voir bien à elle » qui « guide sa manutention » (*Hantieren*) et lui confère sa sûreté spécifique. Or, je crois que c'est bien ce « connaître », qui n'est pas désengagé de l'emploi des choses, et n'est pas « désintéressé », comme le théorique, que n'ont cessé de mettre en valeur les Chinois, et notamment notre penseur taoïste[135].

Effacement - fonctionnement

D'où vient l'abstraction de l'« être » et du théorique ?

5. Il y a donc de quoi bâtir ici la comparaison ; et de se demander d'où naît l'écart entre la disponibilité du vivre et la logique existentielle conduisant au devancement reviendra par conséquent à s'interroger sur ce qui

Quelle structure d'« ouverture » (*Erschlossenheit*) ?

modifie radicalement, de l'une à l'autre, le mode d'être de leur « être au monde ». Or, c'est ce qu'on pourra mieux saisir, me semble-t-il, au creux de ce terme auquel nous avons si souvent recouru en passant, comme le discours commun y recourt lui-même sur le mode d'une injonction familière (« soyez ouvert ! »), mais qu'il nous faut désormais creuser pour sa commodité à figurer l'initial en même temps que pour sa non-détermination auto-suffisante d'un Moi-sujet : l'« ouverture », *Erschlossenheit*, au sens d'« être ouvert à ». En elle se lit structurellement le clivage. Car si la disponibilité s'entend comme une *ouverture au moment*, en tant qu'occurrent (et par conséquent l'accueillant), le devancement relève, quant à lui, d'une ouverture dont la structure, celle de l'« ex-istence », est celle d'un être initialement hors de soi, son caractère de « pro-jeté », qui le temporalise, supprimant d'emblée la possibilité d'un laisser venir à soi (du moment du monde) ; l'ouverture de son « là », pour l'être-là du *Dasein*, n'est pas le « là » de la « rencontre », dans son principe opportune, dès lors qu'abordée sans prévention (cf. en chinois l'autre notion de *shi*[(s')]), mais celle d'un pouvoir être qui est strictement le sien, celui-ci se projetant sur ce « à dessein de quoi » (*worum willen*) il est chaque fois existant. Ce qui fait clivage est donc que, dans l'« ouverture » heideggérienne, l'existant « a à être son là » (*sein Da zu sein*), cet *a à être* détachant initialement l'existant de lui-même en le projetant (cet être projeté étant bien sûr tout autre chose que d'avoir des projets, rappelle Heidegger : il est « ontologique »). La disponibilité pourrait être décrite, en revanche, comme l'être *d'emblée* son « là », mais un là qui n'est plus à proprement parler « son » propre, puisqu'il demeure essentiellement *branché sur* et réceptif : l'être selon l'occurrence du moment, variante comme elle est, et par conséquent en réaction à l'incitation qui nous vient du moment du monde. Non plus sur le mode « extatique » et surgissant d'une ex-istence, s'éprouvant dans son pouvoir d'initiative et se découvrant

Ouverture par projection (l'existence) ou par réaction à l'incitation du monde (la vie)

esseulée, mais selon le procès en interaction continue, et comme tel appelé de lui-même à se renouveler, de la « vie ».

Se projetant (à partir de sa déréliction) ou répondant à l'incitation (du moment du monde)

C'est dire que ce que l'analyse heideggérienne croit saisir comme « originaire » et décrit comme phénoménologiquement constitutif contient peut-être plus que des « présupposés » méthodologiques : la pensée de la disponibilité, telle que l'explicite la pensée chinoise, y fait découvrir un parti pris cohérent qui, comme tel, a habité – fécondé – la métaphysique (religion) occidentale, et dont Heidegger n'a pu s'écarter. Car, quand il est dit que l'existant caractérisé par l'être-là est « en vue de son propre pouvoir être », les deux comptent également : le pouvoir être et le propre. D'une part, en effet, c'est à partir de la notion d'un pouvoir être, et de la projection qu'elle sous-entend, que se comprend la possibilité d'un « sens » de l'étant. Si projeter est s'ouvrir des possibilités, c'est bien projeté qu'il est « sur son horizon de projection » que « nous disons » – dit Heidegger (mais quelle est l'extension possible, transculturelle, de ce « nous » ?) – que « l'étant a sens » (*Sinn hat*)[136] –, ce sens de l'étant que, justement, je ne parviens pas à dire en chinois... D'autre part, il faut entendre pleinement ce « son » du pouvoir être, c'est-à-dire dans toute sa portée solipsiste : ce pouvoir être propre (authentique) appelé à s'extraire de la perte dans le « nous-on » est un soi-même en vue duquel interpelle la conscience morale à partir de la « déréliction » : l'existant s'y découvre « abandonné à soi » ; dans son « là », le *Dasein* s'éprouve, non pas *incité* (selon le moment), mais originairement « esseulé » : « L'étrangeté, si dissimulée qu'elle soit dans la vie quotidienne, est le genre fondamental de l'être au monde »... On n'en perçoit que mieux, par contraste, ce que laisse entendre la seconde partie de la formule taoïste : non seulement trouver la paix dans le moment, mais aussi « occuper » le fait de « suivre-se conformer », en faire son « séjour », y « résider » (*chu shun*). Tandis que l'existant heideggérien se projetant en son pouvoir être se prévaut de sa seule initiative, appelé qu'il est en son « propre » et ayant en vue sa liberté, la disponibilité est de laisser l'initiative au moment du monde, le tenant pour une opportunité, de façon à y répondre, l'accueillir, l'épouser. C'est lui qui nous « dispose » –, on ne commande pas au temps qu'il fait, on ne commande pas aux saisons ; mais ce laisser disposer, toujours variant – disponible – n'est pas pour autant quiétiste : nous branchant sur ce moment du monde, nous tirons profit de lui ; nous opérons de concert avec lui. La morale n'est plus alors celle du choix le plus personnel (« authentique ») et de la Liberté, mais tient à la capacité de se livrer à ce qu'appelle (exige) le moment, y compris – comme on le voit développé par la tradition confucéenne (le *ren* chez Mencius) – sur le plan social et politique.

Question ou déquestionnement : la « fin »

Ce qui ne pouvait manquer de reconfigurer autrement l'« ouverture » : tandis que la liberté est vers quoi projette – à quoi destine – celle-ci, en ayant en vue une auto-détermination de son « propre » (elle est la Finalité, le grand parti pris idéologique de l'Occident), la disponibilité, quant à elle, est de maintenir l'ouverture en elle-même, et cela par non-attachement (non-enlisement) à aucun moment - position donné : on ne peut pas dire qu'elle ait une fin, on ne peut même pas dire qu'elle soit à elle-même sa propre fin, mais elle est ce qui dispense de la fin ; son essence, pourrait-on dire, et c'est en quoi elle est radicale, est d'émanciper du « règne des fins ». On ne s'étonnera pas, d'autre part, de ce que l'être au monde que présuppose la disponibilité soit à l'opposé d'un être au monde en déréliction et s'éprouvant « esseulé ». Le grand parti pris chinois n'est pas tant celui d'une harmonie primordiale (opposée au sentiment hébraïque de la faute originelle, d'où naît la conscience de la déréliction, telle qu'elle inspire Heidegger), même si c'est cette « grande harmonie » qu'elle a le plus ostensiblement thématisée ; mais, plus radicalement, celui d'un être-là qui, dans son fonds (d'immanence), se trouve d'emblée justifié. Qui n'a pas *à être* justifié : la question d'un « sens » ne se posant pas – ne se constituant pas – à son sujet.

Phénoménologie de l'être disponible

6. A poursuivre ce vis-à-vis avec la pensée chinoise, il n'y a pas à souhaiter troquer une pensée pour l'autre, comme si elles étaient transférables, mais on y gagnerait au moins ceci : dégager l'idéologique (car il y a bien – vu du dehors – une forme d'idéologie européenne, en amont de son *épistémé* : la « déréliction », la quête du sens, la Liberté, etc.) de ce qui s'annonce, et se promet, comme proprement « phénoménologique ». Ou, du moins, voici que nous disposerons d'autres armes pour commencer de le faire, puisque c'est bien là ce qui restera toujours le plus difficile à faire – *décrire* – et qu'on ne peut conduire qu'en prenant du recul et croisant des points de vue. En suivant le penseur taoïste, il en résultera une analyse de l'« être disponible » formant vis-à-vis avec celle, heideggérienne, de l'être « jeté » et « esseulé ». Non plus comme un être qui a *à être* son « là », pour « devenir ce qu'il est », mais qui est disponiblement là, qui devient « au gré ». Pensons donc ce « devenir » qui ne se laisserait pas structurer temporellement. En premier lieu, pour ne pas s'en tenir à ce que la formule précédente : trouver la « paix » (stabilité) dans le « moment », pourrait induire apparemment de trop statique, commençons par penser la disponibilité en rapport avec le caractère transitionnel du moment ; et, pour cela, tournons-nous vers cette autre formule qu'on peut lire dans le corpus du *Zhuangzi* comme un prolongement de la précédente, et que je traduirai au plus près : « en accord avec le(s) moment(s) tous (toujours) (se) transformer »[137 (t')].

La formule est introduite par ce qui est beaucoup plus qu'une anecdote. Tandis qu'il était en chemin dans la montagne, le Maître taoïste voit un grand arbre au feuillage luxuriant auquel le bûcheron qui coupe le bois à proximité n'a garde de toucher. « C'est parce que son bois n'est bon à rien », justifie ce dernier ; et le Maître de conclure : c'est grâce à son inutilité que cet arbre atteindra le terme naturel de ses années. Puis, quittant la montagne, il s'en va loger chez un ami qui, ravi de le recevoir, donne l'ordre de tuer une oie pour le fêter. « Laquelle des deux tuer, demande le domestique, celle qui sait pousser son cri ou celle qui ne le sait pas ? » « Celle qui ne le sait pas », répond l'hôte... On en déduit aisément la question que ne peuvent manquer de poser le lendemain les disciples : la même inutilité qui permettra à l'un d'atteindre son terme naturel est ce qui a conduit l'autre à une mort prématurée. « — Maître, quelle position adoptez-vous ? ».

Non-position, évolution

Zhuangzi commence par répondre « en riant » : « ma position est entre les deux »... Mais, bien sûr, il se moque ; et c'est pour se reprendre aussitôt : ce juste milieu paraîtrait la solution, mais ne l'est pas (même argument que dans le *Mencius*[138]) ; il ne nous sortira pas d'embarras.

Dès lors qu'il ne se met pas à dialectiser, comme se propose, pour sa part, d'y travailler la philosophie, le sage n'a d'autre position possible que cette *non-position* qu'est la disponibilité : celle de ne s'en tenir à aucun parti ou, pour le dire autrement, de ne s'enliser d'aucun côté, mais d'évoluer constamment « en accord » avec le moment - situation et de « (se) transformer » au gré de ses variations. « Tantôt s'étendant tel un dragon, et tantôt replié comme un serpent... » est-il proposé en image. La seule solution envisagée est celle d'une ouverture au moment qui demeure libre de tout parti pris et qui soit continue. Sinon, dès lors qu'on s'en tient tant soit peu à une position, poursuit le penseur taoïste, celle-ci ne peut manquer de révéler – et faire subir – son négatif, l'« union » impliquant la « séparation », l'« achèvement » entraînant la « destruction », etc. Dès lors qu'on se fixe tant soit peu d'un côté, on se trouve lié, du même coup, à son envers, toute position s'en trouvant dès lors condamnée – entendons qu'elle se mine et se condamne elle-même ; et seule la disponibilité, ouvrant sur une transformation sans fin – de soi / du monde ? Le chinois le laisse indistinct – permet d'échapper au déficit creusé par toute position : elle seule permet d'évoluer continûment dans ce qui est, non pas le « temps » d'un progrès, mais le déroulement alternant de tout procès.

Ni disjonctions ni plans

De quoi vérifier ce qu'on savait déjà : la disponibilité dissout, en son fond, toute position de vérité, non par scepticisme et parce qu'elle se défierait de la vérité, mais parce que la vérité pour elle ne présente guère d'intérêt, et même constituerait un piège. Sur un plan logique, la disponibilité se définit, en effet, par la capacité à se libérer des disjonctions et de la partialité à laquelle elles entraînent, l'un excluant l'autre – « vrai » ou « faux », « bien » ou « mal » (*shi / fei*[u']). Sur quoi ne cesse de revenir, pour se dégager du débat entre écoles, le penseur taoïste : non que l'absence de critères soit vraiment son problème, ou qu'il plaide pour le relativisme (encore une position...), mais parce que la position adoptée ferme à la variété des moments et que, en procédant de jugements arrêtés, les disjonctions font barrage à la capacité de transformation des êtres et des situations ; codifiant a priori, elles occultent et dénaturent les possibilités propres à chaque occurrence. Une formule le résume, caractérisant ainsi l'enseignement du Maître taoïste : « [selon le] moment (se) laisser aller, sans se mettre d'aucun parti [139 (v')] ». De même, sur un plan pratique, la disponibilité est-elle de ne pas s'embarrasser de projets et de plans [140 (w')], tant il est vrai que, en projetant un moment sur l'autre, en aménageant l'un à partir de l'autre, plans et projets aplatissent le devenir et font ombrage à l'inédit du moment – ils en jugulent la ressource. Plans et disjonctions vont de pair. *Prédisposant* l'avenir, y triant d'avance et le quadrillant, ils réduisent et raidissent l'ouverture à l'occurrence ; ils font obstacle à la capacité de renouvellement qui fait l'unicité du moment.

Philosophie de la respiration

Mais pourra-t-on s'en tenir là ? Logique et pratique, selon nos termes, suffiraient-elles à définir l'être de la disponibilité et nous conduisent-elles à sa source ? Ce serait oublier une fois de plus, ou pis, continuer de passer sous silence, ce grand absent de la philosophie (européenne) : le corps. Tant on sait que, durant tout l'âge classique, celle-ci ne l'a guère considéré que sous l'angle du sensible et de la sensation et, par conséquent, comme un obstacle ou, au mieux, comme un mode d'accès douteux, en tout cas incomplet, à la connaissance de la réalité extérieure. Or, le penseur taoïste non seulement ne l'oublie pas, mais encore se défie de cet oubli : la disponibilité *passe par* le corps, ou plutôt – puisque ce terme déjà fait entendre l'« âme » en regard – par ce qui est désigné, en chinois, comme notre « être constitutif » (en tant que *ti*). La disponibilité est dépendante de sa disposition ; elle relève initialement, non d'une morale ou d'une psychologie, mais d'une *hygiène* (comme seul Nietzsche, dans la philosophie moderne, en a conçu le soupçon ?). Qu'elle émane de sa disposition est, en effet, tout autre chose que la « disposition d'humeur », *Befindlichkeit* se manifestant en *Stimmung*, dans laquelle Heidegger voyait un existentiel originaire et donc préalable, comme mode de l'« entendre » (*Verstehen*), à l'activité de connaissance. De l'« homme authentique », dit en effet le penseur taoïste au début du portrait précédent[141], « la respiration est profonde-profonde » ; et, plus inattendu : il « respire à partir des talons », tandis que le commun des hommes respire « à partir de la gorge »...

Pourquoi donc prêter ainsi attention à la *respiration* ? Par son renouvellement continu, la respiration se branche chaque fois sur l'*actualité* du moment ; elle est tout entière du moment, n'est pas d'avant ou d'après, elle ne garde pas de reliquat (en s'opérant « à partir des talons ») ni ne peut s'anticiper. D'autre part, par son alternance régulatrice, elle est en phase avec le principe de la variation du moment, chacun de ses deux moments appelant nécessairement le suivant ; comme telle, elle est l'expression vitale de l'*aller-venir* rythmant la réalité envisagée en tant que procès ; c'est elle, enfin, qui fait communiquer le plus originairement, en rapport à notre être constitutif, le « dehors » et le « dedans » : en elle se réalise initialement l'*ouverture*. Dès lors, respirer « à partir des talons » signifie que rien d'intérieur ne reste fermé au renouvellement apporté du dehors (toute la vie du corps, en Chine, étant conçue à partir de ses orifices, et en termes d'« entrer »-« sortir »). Est inscrit ainsi physiquement, mais sans bien sûr que le phénomène se limite au physique, cette ouverture « radicale », *i.e.* s'opérant jusqu'à la racine, en quoi consiste la disponibilité, comme capacité de se laisser traverser de part en part, irriguer, disposer ; l'être disponible respirant à travers tout son corps est l'être détendu, décontracté, qui n'est pas crispé. — Nous le disons aussi, en Europe, et ces termes sont les nôtres, et même nous le disons couramment, mais justement sur le mode d'un conseil courant, banal et tellement prosaïque... Sans le penser par conséquent – sans le considérer comme à penser – tel est l'infra-philosophique.

J'en reviens donc une fois de plus à ce problème, et même je ne fais, d'une certaine manière, que tourner autour : ce que n'a pas pensé la philosophie – ce qu'elle a commencé par laisser tomber, qu'elle a *dû* laisser tomber (justement pour devenir la philosophie, ce *laisser tomber* étant non pas négatif, mais ce qui l'oriente au départ et qui l'a inspirée) – est ce qu'on « sait » bien, « trop bien », étant trop familier (« respirer un grand coup », « mais prenez donc le temps de respirer ! »,...), mais qui, par là même, n'est pas assez distant – et distinct – pour se constituer en *objet* de pensée et, par conséquent, n'a pu « accrocher » un intérêt théorique. Et si je parle, en ce cas, de choix implicite, enfoui, autrement dit de parti pris, c'est que tant de philosophies se sont succédé, critiqué, opposé, ont bifurqué, bref, ont chaque fois tenté un nouveau départ, qui n'en ont pas moins *toutes* débuté par une « philosophie de la perception », y compris la phénoménologie (en France, de Descartes à Merleau-Ponty) sans jamais penser – penser à penser – car l'orientation en est tout autre (elle n'est pas du « connaître », mais relève d'un autre pli), ce que serait, se constituant en autre départ effectif de la philosophie, une *philosophie de la respiration*.

Le moi comme dispositif réagissant (*tianji*)

Quels en seraient de premiers linéaments, en rapport à la disponibilité ? Si les désirs sont profonds, ajoute quant à lui le penseur taoïste, « le ressort naturel en nous est superficiel ». Que les désirs puissent ainsi faire obstacle pourrait donner à croire la formule ascétique mais, en fait, elle ne l'est pas. Je traduis ici par « ressort naturel[(x')] » ce qui nous dispose, en nous, à réagir spontanément (comme on parle en chinois du ressort d'une arbalète ou de tout autre dispositif servant à déclencher, *ji* ; là encore, la logique est celle du *yong*, de la marche des choses, du « fonctionnement »). Ce qui caractérise l'être-sage, pourrait-on dire en conséquence, ne tient pas à la constitution d'un Moi-sujet, se posant dans son pouvoir d'initiative, ni non plus à la puissance de ses facultés (raison, volonté, etc.), mais à ce que son « dispositif » intérieur, dans sa capacité réactive, ne se laissant entraver - obstruer par rien, laisse circuler en lui toute l'injonction du monde, ample comme elle est, à l'instar de la respiration, et qu'il communique ainsi, à chaque moment, demeurant branché sur lui, de plain-pied avec le « Ciel »-nature (le grand Procès des choses, englobant et dépassant le procès de ma vie). Ne soyez pas « coincé », dit-on aussi familièrement... ; mais on le dit, là encore, si familièrement parce qu'on ne l'a pas pensé notionnellement. Les désirs ne sont pas à rejeter en eux-mêmes, parce qu'ils seraient mauvais, affirme pour sa part le penseur taoïste, mais parce que, s'ils s'ancrent profondément en nous, ils ne peuvent plus que recouvrir et brouiller par leurs motivations propres, s'arrêtant sur des objets particuliers et donnant lieu à fixation (de même que précédemment nos vérités), la capacité de répondre immédiatement, et globalement, à l'invitation - stimulation du moment du monde, se renouvelant constamment, en quoi consiste la disponibilité. Alors que, « le ressort-dispositif naturel [intérieur] s'appuyant sur la respiration pour alterner, si la respiration est profonde, le ressort naturel en nous l'est également[142] » : c'est dire que, en s'étendant à travers tout notre « être » (« physique » / « psychique » selon nos clivages : la respiration les confond), et cela jusqu'à la base-racine, jusqu'aux « talons », la respiration dénoue tous les blocages intérieurs, dissout les points de focalisation, et d'abord ceux constitués par les crispations du désir ; et c'est ainsi qu'elle « ouvre ».

A Shanyin, une nuit de neige...

7. Comment donner consistance à la disponibilité qui fait face au sentiment originaire de la déréliction tel qu'il nous vient, dans la culture européenne, du fonds hébraïque, si ce n'est par cette structure d'*incitation du* *moment (xing)*, en tant qu'il est occurrent et, par conséquent, rythmé par l'« aller »-« venir », à l'instar de la respiration ? Lisons-le dans une de ces anecdotes dans lesquelles la pensée chinoise excelle à se livrer, et dont, sans plus de commentaire, elle fait sa « sagesse » – restons-en par commodité à ce terme. Je traduis *in extenso* le passage pour y laisser complètement entendre le creusement qui fait le moment – l'*effet* de moment – à la fois appelant et se retirant.

Tandis que Wang Huizhi séjournait à Shanyin, il se produisit, une nuit, une abondante chute de neige : il s'éveilla de son sommeil, ouvrit les ventaux de la pièce, ordonna qu'on lui serve à boire et contempla la luminosité répandue tout alentour. Au gré, il se leva et se mit à marcher de long en large, chantant le poème de l'« Appel à la retraite » de Zuo Si. Soudain, il se souvint de Dai Kui qui, à cette époque, se trouvait à Shan. Voilà alors que, en pleine nuit, il monte dans une petite embarcation, pour se rendre chez lui. La nuit est passée quand soudain il arrive –, atteignant sa porte, il ne s'en va pas plus avant mais s'en retourne. D'aucuns lui en demandèrent la raison. A quoi il répondit : « C'est fondamentalement sur une incitation que je suis venu, et, cette incitation finissant, je m'en retourne : quelle nécessité y avait-il à ce que je voie Dai ? » (*Shishuo xinyu,* chap. 23, 47.)

L'épisode, si brièvement narré, si discret dans sa réserve, tient lieu de ce que nous ont si éloquemment livré, chez nous, déployant du sens, le mythe ou la parabole ; il n'a donc rien d'une anecdote mais possède, en creux, la même portée d'enseignement qu'eux. Car la force du passage tient précisément à ce qu'il se borne à enregistrer un moment, ou plutôt cette incitation qui fait le moment, si différente de la crispation du désir dans son laisser venir et l'ampleur de son requèrement. Le monde y est bien invitant, effectivement,

Qu'est-ce que répondre à l'incitation du moment et le déployer ?

au lieu que le sujet s'y découvre esseulé, et c'est même cette capacité à répondre à l'incitation du monde qui fait ici la capacité d'émancipation du sujet (Wang Huizhi, un des fils du grand calligraphe et resté célèbre dans la tradition chinoise pour son comportement libéré). Le sujet s'éveille et, s'ouvrant au paysage, y contemple l'effet déployé d'une immanence (la lune elle-même, éclairant la scène, n'est pas nommée). « Au gré », « soudain », « alors », « il s'en retourne » : tout dit, à travers ces repères, que le sujet ne contraint ni ne restreint en rien cette incitation, de même qu'il ne la retient pas, non plus, et ne tend pas à la construire plus « logiquement » en lui conférant une finalité et lui découvrant du « sens ». Simplement, c'est en « montant » sur cette incitation, est-il dit, qu'il s'en est venu, et cette incitation « finissant », il s'en retourne : un moment s'ouvrant et se refermant ainsi, sans plus de commentaire ou de justification, la disponibilité est d'en déployer la pleine occurrence.

8. De quoi réécouter, une dernière fois, la formule de Montaigne : « vivre à propos ». Cette fois, la formule ne joue pas sur un effet de tautologie, mais sur un décalage : « Notre grand et glorieux chef d'œuvre, c'est vivre à propos ». Le sujet est superlatif jusqu'à saturation (« grand », « glorieux », « chef d'œuvre »), tandis que, après cette gradation et cet effet de climax, le prédicat paraît le plus plat, banal, le moins construit : « vivre à propos » ; il est le moins dressé, et même le moins analysable, le plus dissous. Le plus discret. Car cet infinitif n'offre même pas l'aspérité d'un impératif, à la différence du mode injonctif des Stoïciens. La formule ne recommande pas le « bien vivre », ni même le « vivre heureux » (*to eu, kalôs, makariôs zen*) : elle n'est pas éthique, elle n'est même pas « thétique » – ni morale ni hédoniste ; elle n'est d'aucune école, ne se constitue pas en thèse, se refuse à prendre position. Bref, elle est sans arêtes, et même sans *froncé* (à quoi s'accrocherait la pensée), et son fond échappe.

Vivre / existter

Cette formule est sans bords ; on ne peut la saisir par un angle (elle est sans angle de vue), mais à revers : non par ce à quoi elle s'opposerait ou que, au contraire, elle soutiendrait, mais par ce dont elle éteint implicitement la pensée sous son infrangible placidité. Et, de fait, dans ce « vivre à propos », ce n'est pas tant l'« à propos » qu'il convient d'entendre que d'abord le « vivre », en amont de lui, et qui en est la source. Car, tout l'a montré au cours du vis-à-vis précédent, et même n'a cessé d'en creuser le clivage, *vivre* n'est pas « exister ». Si je me demande pourquoi j'existe, l'interrogation est d'emblée métaphysique, elle fait effraction par rapport à l'ordre des processus et fait surgir, éloquente, et même intarissable, la question du Sens (au sens de : « *D'où* je viens ? », « *Où* je vais ? », « Qu'est-ce que je fais sur cette terre ? », etc.) ; mais, si je me demande pourquoi je vis, la question est à la limite de sa pertinence, en tout cas elle est atrophiée, ne sous-entendant plus rien d'autre qu'une interrogation sur les conditions de ma vie (on attend plutôt : « comment je vis ? ») et ne sortant pas du cadre de la processivité, « vivre » étant un phénoménal ou, comme on le dit d'ordinaire, vivre appartenant à la « nature » ; tout y vit : les animaux, les plantes « vivent »..., tel est le grand truisme – inthéorisable – de la « vie ». Si ma conscience me rend différent d'eux, je me reconnais, comme « vivant », de la même phénoménalité qu'eux, je ne me suis pas coupé d'eux. Tandis qu'exister est réservé au *Dasein* : « seul l'homme existe ».

L'exister de l'être « jeté » (suivre Heidegger comme référence la plus explicite)

Que, comme le dit Heidegger, « le *Dasein* existe et lui seul existe » signifie qu'il y a un *hors de soi* originaire propre à l'existence, la projetant en avant de soi et lui conférant sa structure « extatique » ; et que l'existant ne soit pas originellement présent à soi, mais qu'il ait à être, explique que ce soit le mode de l'existentialité – l'« avenir » – qui, chez Heidegger, porte tout le poids de la temporalité. Mais en quoi Heidegger a le plus profondément éclairé l'exister par rapport au vivre est qu'il a mis au jour la dépendance qu'entretient l'existant, comme « projet », avec le fait qu'il soit cooriginairement « jeté » – « jeté » dans son « là ». L'existence (du *Dasein*) se saisit entre son être jeté et son être en projet (*Geworfenheit - Entwurf*), entre la facticité du déjà-là jeté en un monde et l'existentialité qui projette le *Dasein* en avant de soi : « Si bien que, étant jeté, le *Dasein* est jeté avec le genre d'être du projeté »[143]. Dans cet être jeté de la déréliction est ainsi compris l'être en faute comme origine à assumer, mais dont je ne peux pourtant devenir maître, de sorte que ces deux structures existentiales, celles de l'être jeté et de la projection, « comportent essentiellement une négative ». Or, « vivre » (de « vivre à propos ») se concevrait à l'envers : dans « vivre », il n'y a plus, sous-entendu, ni projeté ni jeté, vivre est de coïncider (cf. la respiration) ; d'où l'importance du « lieu » (foyer) de cette coïncidence qu'est le *moment*. Ou, pour tirer tout le profit de ce que peut avoir d'éclairant le clivage engagé, puisqu'on ne peut saisir ce « vivre » qu'en le démarquant : ce qui fait la disponibilité du moment est que, répondant à l'incitation du monde et creusant par différence sa capacité, il est non seulement libéré de l'obsession de la fuite (du Temps), mais surtout n'appelle aucune justification de principe (métaphysique). Si le « temps », par sa nature énigmatique, est la question même, le propre de la pensée du moment, en regard, est qu'elle dé-questionne.

Angoisse (de l'esseulement), invitation (du moment)

L'expérience la plus révélatrice de l'ouverture existentielle, caractérisant le seul existant humain, est l'angoisse. Comme telle, elle est l'« ouverture insigne », puisque ce « devant quoi » elle s'angoisse, nous dit Heidegger, est le monde en tant que monde, l'angoisse découvrant l'existant dans son esseulement, pur et jeté, s'éprouvant « chassé de chez soi », étranger (*unheimlich*), *solus ipse* (la thématisation, dès lors, est facile : retour à la question du Sens). Or, là encore, l'effet du clivage est éclairant et peut le mieux donner prise : « vivre à propos » dissout la possibilité de l'angoisse, non parce que s'y réduirait ce devant quoi l'ouverture se fait (s'y limitant à un étant intérieur au monde, comme dans le cas de la peur opposée à l'angoisse) ; ni, non plus, parce qu'on fuirait alors l'étrangeté du monde dans la familiarité d'un « nous-on » quotidien qui, la dissimulant, la ferait oublier. Mais, comme n'a cessé de le thématiser la pensée chinoise, dans la disponibilité au moment, et c'est ce qui fait sa possibilité, le monde de l'être au monde n'est plus *étranger* mais « appelant[y'] » ; je ne m'y sens plus originellement esseulé, mais *invité*. Ce que disait déjà l'« être de saison » par son caractère incitatif et comme mode révélateur de l'être au monde :

La moindre feuille peut à l'occasion aller à la rencontre de notre intentionnalité,
Un bruissement d'insecte est suffisant pour attirer-entraîner le for intérieur ;
A plus forte raison le vent limpide de concert avec la lune, par une même nuit,
Le soleil blanc et la forêt printanière en un même matin[144] *!*

Sortir de Heidegger (et du drame de l'existence dans la temporalité)

La question, en fin de compte, était de se demander s'il est une alternative nous faisant sortir de la structure existentielle, ou plus radicalement, ontologiquement, existentiale, qu'explicite la temporalité du *Dasein*. Autrement dit, pourrait-on s'extraire du grand drame que la pensée occidentale a mis en scène à partir de la pensée du temps et que Heidegger n'a fait, somme toute, que radicaliser ? Vivre / exister. Ultime retour à Montaigne. Voici qu'il laisse parler le discours commun pour le reprendre : « Je n'ai rien fait d'aujourd'hui. — Quoi, avez-vous pas vécu ? ». Ce « Je n'ai rien fait d'aujourd'hui », que nous fait dire Montaigne, dit l'inquiétude devant le « temps », le temps « passant », sans que « rien », dans ce laps de temps, n'y fasse suffisamment événement, et qui est donc insuffisamment occupé, dans lequel je n'ai pas assez « existé » ; il dit le regret d'un temps destiné à passer, d'un temps « perdu ». Or, l'interrogation par laquelle interrompt Montaigne, en recentrant sur le vivre : *Avez-vous pas vécu* ?, bouscule d'un coup la perspective impliquée, laissant entendre que vivre, ne se rapportant à rien d'autre, ni ne se mesurant à rien, ne se laisse traverser par aucune finalité, pas même intrinsèque (comme l'est l'autotélisme des Stoïciens). Vivre se suffisant à soi-même

« — Avez-vous pas vécu ? »

comme le moment se suffit, apparaît une autre possibilité de pensée – « naturaliste », disons-nous d'ordinaire pour la ranger, en bloquant d'emblée la portée * – que, sauf quelques exceptions majeures (tel Montaigne : « Nature est un doux guide... »), la philosophie européenne, en quête de Sens, n'a guère été en mesure de considérer ; elle n'en a guère exploité la possibilité. La philosophie est discours et construction (*logos*) ; or, le propre du « naturalisme » est qu'il se perd dès qu'il se construit et procède à des justifications : en entrant dans des raisons, il se débranche de la « nature », et c'est pourquoi d'ordinaire il se tient coi devant la philosophie.

C'est aussi pourquoi il me paraît d'autant plus précieux de suivre l'option que déploie la pensée chinoise, notamment taoïste, à travers la disponibilité au moment et en recourant à une tout autre stratégie d'énonciation, qu'on dira « antiphilosophique » ; celle-ci fait ainsi surgir une autre disposition possible, mais que nous n'avons là encore, dans notre langue, d'autre façon de désigner que négativement : l'« insouciance ». C'est en elle que se vit ce qui serait, non pas l'oubli, ou l'esquive, mais, d'une façon plus originaire – structurelle – la non-explicitation du « temps ».

---

* J'« existe » dans le temps / je « vis » dans la nature (j'existe temporellement / je vis naturellement). L'opposition, en somme, pourrait se comprendre ainsi : les philosophies du sens se fécondent par la pensée énigmatique du temps et trouvent logiquement en elle un cadre, et stimulant, à leur déploiement ; par contraste, la sagesse, comme pensée de la nature, résorbe le « temps » dans la processivité du cours –. on le vérifiera à propos de l'épicurisme.

VII — DE L'INSOUCIANCE

1. La proposition en est ce qui articule *Etre et temps* : parce qu'il se constitue temporalement, l'existant humain est structurellement « souci » (*Sorge*).

Topos heideggérien (suite et fin) : le souci originaire et sa fuite dans l'insouciance

Ou, pour reprendre les termes mêmes de Heidegger, l'explicitation du sens ontologique de l'être du *Dasein* comme temporalité conduit à la détermination du sens existentiel de la structure fondamentale du *Dasein* comme « souci »[145]. Structure unitaire, en même temps qu'« entière », d'où se déduisent à leur tour les diverses déterminations de l'existence : c'est cette *structure du souci* qu'explicite l'être projeté « en avant de soi » ; c'est elle qui constitue son pouvoir être « soi-même » propre ; c'est sur elle, enfin, que se fonde la pleine ouverture de son « là » : l'être au monde, caractérisé par la préoccupation (*Besorgen*), est en son fond, c'est-à-dire originairement, souci (*Sorge*). Celui-ci est antérieur en nous au vouloir, au souhait, à l'impulsion, au penchant ; et la conscience morale se manifeste elle-même comme un « appel » du souci. De là, le statut à tout jamais secondaire, et purement privatif, laissé à son contraire, l'« insouciance »[146] : celle-ci n'est possible que sur fond de souci et comme fuite de celui-ci (ou c'est parce que le *Dasein* entendu « ontologiquement » est souci que l'« insouciance », *Sorglosigkeit*, apparentée à l'enjouement, *Heiterkeit*, est « ontiquement » possible). Ne constituant pas, face à la radicalité du souci temporal (existentiel) une autre possibilité que lui, elle en est seulement un mode *déficient* : dans l'insouciance, quitte à ce qu'il s'agisse d'une insouciance « préoccupée », l'homme esquiverait sa condition d'existant et ce qui fait sa responsabilité.

Réentendre (de loin, par écart)

Or, si j'en repasse par un tel *topos*, en suivant les articulations et prenant soin de reprendre jusqu'à son idiome, et même l'épousant littéralement, c'est pour le faire réentendre dans son plissement, grâce au décalage que, à partir de la Chine, j'ai tenté progressivement d'instaurer. Car, le lisant tel, on ne peut à proprement parler critiquer *ce qu'*il pense (le réfuter) ; mais on peut faire percevoir, en revanche, *d'où* il pense et, le faisant ressortir, quel est le parti pris enfoui de sa pensée. D'un pli à l'autre – ils se démarquent. Comment ne pas voir, en effet, dans cette implication originaire du souci dans le « temps », ainsi que dans le rejet de l'insouciance qui en découle, tels qu'y conduit l'analyse « phénoménologique » de l'« existant », l'aboutissement d'une tradition idéologique majeure de la pensée occidentale, relevant du sentiment de la faute et qu'ancre, avons-nous déjà souligné, l'intuition hébraïque ?

Alternative faible : échapper au souci en se tournant vers l'éternel

Une alternative s'en forme-t-elle avec la pensée grecque ? Mais le souci duquel la pensée grecque appelle à se libérer est d'un autre ordre, se réduisant à l'étant intérieur au monde, temporel et non « temporal », il n'est plus ontologique mais se limite à l'ontique. Et, d'autre part, comment, c'est-à-dire en recourant à quelle ressource, la philosophie grecque appelle-t-elle à y échapper ? Comme ce souci est temporel, elle l'a fait le plus commodément en nous tournant vers son envers, l'éternel ; le souci dont on se libère est celui du matériel et du périssable : « le philosophe n'a nul souci (*espoudakenai*) des biens extérieurs et des biens du corps » (Platon[147]) ; l'âme supérieure oubliant ce qui lui vient de l'âme inférieure, « il est beau ici-bas de se soustraire aux soucis des hommes » (Plotin[148]). Ou, si l'on se défie de cette espérance métaphysique et qu'on se refuse à fuir sa condition dans le monde, on fera alors de ses devoirs d'homme l'objet de ses « soins » attentifs (cf. *cura* : soin - souci) ; néanmoins, on traitera les « circonstances » changeantes dans lesquelles ils s'inscrivent comme de « matières » indifférentes, puisque ne mettant pas en cause sa moralité : si le Stoïcien « laisse là toutes les préoccupations et les soucis » (*ascholias pasas kai spoudas*[149]), c'est qu'il s'attache au lot qui lui est attribué présentement comme l'acteur s'attache à son rôle, avons-nous vu, seulement pour le bien jouer ; la finalité, on le sait, réside tout entière dans l'acte même, indépendante de son succès, et donc nous rendant insouciants de son insuccès.

Ou dans l'instant du plaisir (Épicure, Horace)

Que la réalité, d'un ordre supérieur, à laquelle se voit ainsi rattachée l'existence s'impose en sa transcendance (par son statut onto- ou théologique : l'Etre ou Dieu), ou qu'on s'y réfère sur un mode immanent, par intégration dans une Raison cosmique, selon notre opposition courante –, Platoniciens et Stoïciens se libèrent également du souci en ouvrant sur un *supra-temporel*. Mais détachons l'existence de tout plan qui la dépasse : la seule façon d'échapper au souci, au sein même du temps, d'après notre panoplie philosophique, sera, on y revient, et même on ne pourra jamais qu'y revenir – nul progrès possible –, de « cultiver l'instant ». « Ce n'est pas le temps le plus long, dont il jouit, mais le plus agréable » (Épicure [150]). Toute la plénitude possible est dans l'instant du plaisir – la fuite rehaussant l'instant ? En tout cas, ce plaisir vécu, si fugitif qu'il soit, on ne pourra plus jamais faire qu'il n'ait pas *été* vécu. Se délivrant ainsi de la « crainte de l'avenir », comme le recommandaient aussi les Stoïciens, mais s'en tenant désormais à la seule réalité du plaisir, principe et fin de la vie heureuse – « ce vivant n'ayant plus alors à marcher vers quelque chose qui lui manque [151] » et comblant dans la sensation même ce manque inhérent au temps –, toute la « tempête » de l'âme « s'apaise », soutient Épicure, et le souci disparaît...

« Cueille le jour... » : nous ne sommes toujours pas plus avancés pour le penser

C'est Horace qui, dans nos Humanités ressassées durant des siècles, parce que servant de ligne de repli à ceux qui se défieront des visions du salut, a le mieux thématisé et rendu sensible par les ressources de sa rhétorique, mais non pas éclairé par des notions, ce naturalisme épicurien : « Ce que sera demain, évite de le chercher ; et le jour, quel qu'il soit, que te donnera le sort, porte-le à ton actif – ne dédaigne pas, enfant, les douces amours, ne dédaigne pas les danses [152]... » Dès lors que nous sommes habités par cette perspective imposée du Temps, quand l'issue n'est plus projetée dans l'éternel, elle se voit ramener, à

Entre l'éternel et l'instant (le salut ou la sensation) : le balancement européen

l'antipode, dans la précarité de l'instant. Par une sorte de grand contre-balancement idéologique qui a porté l'Occident, à l'élan et la foi dans un Intelligible (« spirituel ») s'oppose cette retombée dans l'effectivité du sensible, prise comme pierre de touche de toute expérience, que seul le talent d'Horace, en inventant une harmonique de l'intimité, réussit à sortir de la trivialité de ce dont la philosophie a pris depuis si longtemps horreur : le lieu commun. Pour chasser « les soucis rongeurs » (*mordaces sollicitudines*)[153], il n'est d'autre moyen, en effet, que celui des plaisirs libérateurs, évoque la rhétorique venant au secours de la philosophie, « Bacchus et Vénus », qui sont ceux du temps fugitif ; mais « nul ne doit en passer la mesure », rajoute une prudence moraliste, de façon à pouvoir tourner la sensation du plaisir vers l'utilité, ainsi qu'ouvrir cet instant sur un minimum de continuité.

Le temps pur « accident d'accidents » Épicure - Lucrèce

Cette dissolution naturaliste du souci par l'épicurisme antique est d'autant plus significative qu'elle me paraît rejoindre un certain désintérêt de l'épicurisme pour la « question du temps » ; ou, du moins, celui-ci serait symptomatique de ce qu'est conduit à privilégier, de son côté – et dans une autre direction – tout naturalisme. Ainsi a-t-on pu parler de l'« uchronie » du sage épicurien ; ou encore dire que le sage épicurien est « à l'abri de la relation temps »[154]. On connaît succinctement, en effet, à partir de la « Lettre à Hérodote » et selon le témoignage de Sextus Empiricus, quelle conception Épicure se faisait du temps en tant qu'épiphénomène (plutôt que de suivre la conception discontinuiste du temps prêté à Épicure par des commentateurs néo-platoniciens d'Aristote, Thémistius et Simplicius)[155] : le temps est un « accident d'accidents » (*sumptôma sumptômatôn*) « accompagnant les jours et les nuits, et les heures (saisons), ainsi que les affections et leur absence, mouvements et repos ». Au lieu de faire couple avec l'espace, le temps est ainsi le plus distant de la nature de l'espace. Tandis que celui-ci, en tant que vide et de pair avec l'atome, est l'une des deux réalités ultimes, le temps ne peut être conçu à part des choses arrivant en lui, de même qu'il ne peut faire l'objet d'aucune conception générale (sur le mode de l'anticipation : *prolepsis*). Si le « vide » possède une réalité physique, le temps, lui, n'en possède pas (il n'a pas d'*ousia*) ; il n'a même pas le statut de propriété des atomes ou du vide. Ce qui ne signifie pas que, dans la perspective atomiste, le temps ne relève pas d'une expérience spécifique, mais, selon la définition démocritéenne reprise par Épicure, qu'il est un « phantasme » (représentation) « sur le modèle [du genre] jour et nuit » ; d'où c'est seulement « en comparant notre sentiment du temps à notre perception des jours et des nuits, des affects et de leur suppression, des mouvements et des repos, que nous pourrions saisir, d'après Épicure, ce que nous appelons "temps" [156] ».

Que le temps n'ait pas de réalité en soi (physique), c'est ce que confirme la courte mention que Lucrèce réserve au temps dans son traité : « De même le temps n'existe pas par lui-même (*per se*), mais c'est des choses elles-mêmes / que découle le sentiment de ce qui s'est accompli dans le passé / de ce qui est maintenant présent, de ce qui viendra par la suite ; / et personne, il faut le reconnaître, n'a le sentiment du temps en soi / considéré en dehors du mouvement des choses et de leur repos [157] ». Si l'on met à part les Sceptiques qui, à partir des apories relatives au temps, ont nié la réalité du temps au même titre que toute autre réalité, sans doute est-ce dans l'épicurisme, parmi les philosophies antiques, que le temps, comme concept propre, joue le moindre rôle : ne peut-on pas y voir une analogie avec l'inexplicitation du temps au sein du naturalisme chinois ? Surtout, ce « temps » épicurien n'est pas conçu à partir de deux instants, début et fin, comme depuis Aristote nous avons appris à le faire, mais plutôt comme « accompagnant » la variation d'un cours alternant (jours et nuits, « saisons », mouvement-repos) : ce qui le rapproche de la conception chinoise de la durée d'un procès évoluant par phases opposées.

Mais l'instant du plaisir n'est qu'un thème littéraire

On aura beau revendiquer la « magnification » de l'instant dans la tradition épicurienne, parlant de sa « dilatation » lui « donnant corps » en dépit de sa fuite [158] ; ou prétendre que le sens horacien de l'instant « tient dans sa présence et sa plénitude, et non dans sa fuite [159] » –, je ne vois pas que l'on sorte, pour autant, de l'inconsistance notionnelle de ce que serait l'instant vécu, tel que l'a envisagé la philosophie à partir de sa détermination mathématico-physique du temps ; et telle que nous en avons déjà rencontré l'aporie à propos de l'instant « présent ». Car, pas plus qu'à propos de l'instant du plaisir d'Aristote, je ne vois que l'épicurisme élabore un lien entre sa conception atomiste, établi sur un plan physique, et cet instant « magnifiable » que revendiquerait l'éthique. Cicéron a bien mis le doigt sur ce point : puisqu'une jouissance purement présente serait simplement corporelle, comment l'instant pleinement vécu par l'âme s'ouvrirait-il sur le passé et l'avenir pour en tirer du « bonheur »[160] ? D'où lui viendrait, et comment définir, cette *extension* ? – on en revient à la question de départ, et voilà qui confirme que cet instant de l'éthique ne saurait être effectivement *conçu* par la philosophie. C'est pourquoi d'ailleurs, appelée à combler ce manque, ou plutôt à le recouvrir, la pensée européenne a dû se contenter d'en faire un thème littéraire (« poétique » : le fameux « jour », « cueille le jour », d'Horace), la rhétorique venant ainsi compenser à sa manière, en l'évoquant et le captant de façon tangentielle, et grâce à ses effets, par le biais des figures, ce devant quoi se dérobe et que laisse impensé la philosophie.

La philosophie se décharge sur la rhétorique

La philosophie demeurant désespérément courte à cet égard, rejaillit toujours, comme à son premier jour, la question : comment penser une « insouciance » qui ne soit pas une fuite. Ni fuite dédaignée dans le « divertissement » et le « déval » (*Verfallen* : dans le monde ou le « on », de Pascal à Heidegger) ; ni non plus, valorisée, dans le supra-temporel (platonicien - stoïcien). Ce qui implique que cette insouciance ait aussi son enracinement phénoménologique, non dans l'existence, mais dans la « vie » ; que sa possibilité, originaire, relève également de notre être au monde – mais, au lieu que nous nous y sentions « préoccupés » (« sentir » originaire générateur de *Stimmung*), que nous nous y sentions « invités » (« incités » : *xing*), comme le dit la pensée chinoise. Aussi « naturellement » que le rayon de soleil redorant la campagne invite à partir y marcher ; ou qu'un seul crissement d'insecte, ou « le vent limpide de concert avec la lune », dit le poéticien chinois, incite à composer... L'insouciance tient à ce moment occurrent appelant à la disponibilité.

Retour au moment occurrent, tel que je l'ai séparé du temps

— Quitte à ce que ce moment occurrent soit la mort ? Voilà du moins qui nous invite à creuser, en affrontant la question, sous ce lieu commun de la littérature européenne : « cueille le jour », pour y déceler une structuration effective qui puisse, le tirant de l'inconsistance épicurienne de l'instant, instaurer son « à propos » ; ce qui conduira d'abord à repenser autrement, c'est-à-dire de façon non ontologique – à quoi nous convie le taoïsme – ce que peut être, en ce cas, le mode d'adéquation requise et d'où vient la « congruence ».

« En rapport - engendrer le moment dans son esprit » (Zhuangzi)

2. Le point de départ en est comme dans Sénèque. « La mort et la vie, dit le penseur taoïste, survivance ou disparition, la misère ou la gloire, la pauvreté ou la richesse, la sagesse ou son contraire, la bonne ou la mauvaise réputation, et jusqu'à la faim et la soif, le chaud ou le froid, telles sont les variations de la situation qui constituent le cours du destin, se remplaçant jour et nuit devant nous sans que, par la connaissance, on puisse en scruter l'origine [161]. » Certes, toutes ces vicissitudes « ne méritent pas de troubler l'harmonie intérieure ni de pénétrer dans l'âme... ». Jusqu'ici, nous sommes en plein *topos* stoïcien. Mais demandons comment faire en sorte qu'on puisse « continuer » et « passer » au travers de ces vicissitudes (en restant en « communication » [avec le monde], double sens de *tong*), sans qu'elles fassent jamais obstruction – sans qu'on « se départisse de sa joie » ? Il suffit, fait dire le sage taoïste à Confucius, que « jour et nuit, et sans la moindre césure-fissure, on soit printanier dans son rapport au monde[(z')] ». C'est-à-dire qu'on maintienne harmonieuse et bienfaisante sa relation avec le monde, comprennent d'abord platement, en faisant servir les représentations courantes, les commentateurs chinois, et qu'on « évolue de concert avec lui », comme les saisons évoluent. Mais le sens se creuse au-delà : de même que, succédant aux rigueurs de l'hiver, le printemps est la saison qu'on est le mieux enclin à « accueillir », de même doit-on se rendre constamment en phase avec le renouveau ; et aussi, réciproquement, actif et passif ne se dissociant pas en chinois, il convient d'être-valoir (*wei*) « en tant que printemps » pour le monde, d'initier sans interruption son renouvellement. La formule qui suit exige également d'être lue de près : « ainsi, dans son rapport [sa rencontre avec le monde], engendrer le moment dans son esprit (*xin*)[a''] ». Mais qu'est-ce, à vrai dire, que « faire naître », « engendrer », le moment dans son esprit ? Contrairement à ce à quoi pourrait faire croire une interprétation quiétiste de la sagesse chinoise à laquelle nous sommes enclins dans notre position codifiée d'« Occidentaux », lui trouvant ainsi commodément une case au sein de notre panoplie culturelle (l'« Occident », dit prométhéen, se plaçant du côté de l'actif et du volontaire), un « moment » n'est pas ce à quoi simplement on se « conformerait », et qu'on « suivrait » passivement ; mais, parce que ne s'y démarquent pas les rôles du subjectif et de l'objectif – un moment est en amont de ces divers clivages, et c'est en quoi il est bien une structure « originaire » –, c'est « dans l'esprit » que sa qualité s'engendre et se promeut, mais à la rencontre du monde, est-il dit au départ de la formule, et par *ouverture* à lui. La formule est aussi à lire par ce que le penseur taoïste y substitue sciemment : « en rapport avec » (le monde), ce n'est pas la « connaissance » (*zhi*) qu'on *engendre* dans son esprit, comme le fait attendre la facture classique de l'expression – et, plus encore, notre attente occidentale –, mais bien le « moment ».

Critique de l'« esprit advenu »

D'ordinaire, quand cela « passe » (« communique »), note un commentateur (Wang Fuzhi[162]), on est content, ça « va » ; mais là où (dès que) « cela ne passe plus », que du cours s'obstrue, au lieu que cela « continue », on se désespère et devient « soucieux »... D'où viennent cet achoppement et ce souci ? De ce que, on s'en doute, vis-à-vis de ces vicissitudes de la vie, « alors que le moment n'en est pas encore venu », « on projette et règle à l'avance[b''] : fatalement, on se trouve préalablement avec le monde dans un rapport qui est soit de complaisance, soit au contraire de refus, ce qui fait qu'on cause soi-même son souci ». Ayant modélisé et projeté (*gui* : en maniant le « compas »), on ne peut plus épouser « comme [cela] vient ». Là encore, rien de très original ; mais il n'en va plus de même, et la réflexion s'approfondit, dès lors qu'on interroge phénoménologiquement cette condition de l'esprit : « au moment où l'on est en rapport avec les existants, c'est en fonction de ce monde actuel qu'on engendre une adéquation au moment, sans instituer au préalable d'*esprit advenu* en vue d'attendre cela[(c'')] ». Cet esprit « advenu », constitué, arrêté (*cheng xin*), comme on parle d'un esprit prévenu, et dont la notion est essentielle chez le penseur taoïste, serait le contraire de la disponibilité d'où naît l'insouciance : parce que, au lieu d'être « engendrant le moment », cet esprit s'est « formé », et par conséquent fermé. Non seulement il n'est plus ouvert à toutes les possibilités du moment, la détermination qui le caractérise exerçant dès lors sur celui-ci son travail de négation et de tri, mais surtout, constitué et raidi en lui-même – « formé » –, il se rapporte à un moment qui, de ce fait, à ce stade en aval de l'évolution engagée, se trouve lui aussi « formé », constitué et raidi. Dès lors, le moment ne « naît » plus en lui, son « venir » devient un venir extérieur, et cette occurrence se transforme bien en *circonstance*, l'entourant et le cernant ; et, vis-à-vis d'elle, ce qui s'instaure en « sujet », effectivement, ne peut plus qu'adopter une attitude prédéterminée, positive ou négative, de « complaisance » ou de « refus ».

Xiao-yao-you : évoluer au gré

« Quand il dort, il ne rêve pas ; éveillé, il est sans souci », était-il dit en tête du portrait du sage[163]. Mais en resterons-nous toujours à cette notion négative : l'*in*-souciance (*wu you*)[(d'')] ? Ou l'envers du souci aurait-il aussi sa notion ? Le *Zhuangzi* en ouvre la voie dès ses trois premiers mots (son premier titre : *xiao-yao-you*[(e'')]) qui signifient cette capacité – de concert avec la transformation du moment – d'évoluer *au gré*. Selon la glose traditionnelle les dépliant en une kyrielle d'attributs, ils disent à la fois l'« être en accord », l'« élan » et l'« épanouissement » (comme précédemment l'« être printanier »), l'« absence de contrainte » et le « libre abandon » ainsi que le « contentement » qui en découle [164]... Ou, pour le dire en le reprenant par une double négation, « il n'y a aucun moment où [cela] ne soit pas opportun », « il n'y a nulle part où [cela] ne passe pas ». Autrement dit, il y a à la fois accord et non obstruction, du *passage* se maintient dans les deux sens, vis-à-vis des choses et dans la durée, et cette « évolution » (*you*) est sans usage déterminé ni fin assignée. Plus de *telos* ou de *Wozu*, plus de « fait pour » ni d'« à dessein » (Graham a bien rendu le titre de ce chapitre d'ouverture, mais en retombant dans une formulation négative : « *Going rambling without destination* »). Un sophiste contradicteur de Zhuangzi se plaint de ce que le roi lui ait fait don de graines de calebasse qui ont donné des fruits si gros qu'on ne peut s'en servir de récipient, leurs parois n'étant pas assez solides pour contenir du liquide ; ni non plus, après les avoir mis en pièces, s'en servir de louches, leurs bords ne pouvant plus rien retenir, du fait de leur évasement [165]. — « Mais que n'en avez-vous fait des bouées », lui rétorque le taoïste, allant ainsi « flottant sur les rivières et les lacs... », au lieu de vous soucier de ce qu'elles ne peuvent rien contenir et, par suite, de ce qu'elles ne sauraient servir ? Mieux vaudrait s'ouvrir à la « grande utilité » de la « non-utilité », au « grand usage » du « sans usage »... Car c'est eux qui, ne prédisposant plus du moment, et l'affranchissant de toute finalité, libèrent en nous l'insouciance. Une insouciance originaire que notre activité en société, en imposant des objectifs, en nous formant – dressant – à la pensée de la fin, vient recouvrir et troubler. Cette insouciance est donc le contraire d'une fuite, ou d'une déficience ; elle fait « retour » au « Ciel »-nature. Souvenons-nous du grand arbre si bosselé et noueux qu'il ne peut supporter l'encre ou le compas, et que le charpentier, dédaigneux, laisse de côté. Que ne le plantez-vous, au lieu de vous en désoler, au pays « où il n'y a quoi que ce soit », « dans la plaine vaste à perte de vue » : « se promenant sans rien faire à ses côtés, *au gré* se couchant à son pied »[166]... ?

Dire l'évolution insouciante

De cette notion d'une évolution insouciante (insouciante parce qu'on *ne cesse* d'évoluer), telle qu'on peut la déployer à partir du corpus zhuangziste, la détermination la plus manifeste, comme la plus attendue, est celle d'une « dépréoccupation » traduisant l'*apragmosuné* des Grecs et allant de pair avec un affranchissement vis-à-vis des critères établis. Pour évoluer *au gré*, il va de soi qu'il faut s'élever hors du cadre des normes et des intérêts : tel cet immense oiseau Peng s'envolant dans les hauteurs du ciel et dont les ailes « pendent comme des nuages ». Mais le plus intéressant ne me paraît pas là, car on en resterait à ce que dit tout naturalisme. Il est plutôt dans ce que la formulation chinoise parvient à exprimer au creux de ses tournures, dans son sinuement propre (n'étant pas soumise à syntaxe), de ce que c'est qu'« évoluer » (comme capacité d'épouser à tout moment la modification du moment). Faisons retour à la critique des disjonctions (partis pris moraux ou disjonctions théoriques) formant barrage à l'occurrence du moment. De quoi vous a « pourvu » votre Maître, demande à son hôte le sage taoïste[167] ? — « Sa consigne est de se vouer à la vertu d'humanité comme au devoir d'équité, et de dire clairement "c'est ceci" ou "ce n'est pas ceci". » — « Autant dire qu'il vous a marqué [au fer rouge] par la morale et amputé [le châtiment de trancher le nez] par les disjonctions » ; car comment pouvoir alors évoluer au gré –, je tente de traduire mot à mot : « sans rien qui lie - ondoyant - (se) laissant aller - (se) tournant de l'un ou l'autre côté » ? « *Take any turn you please* » rend en raccourci et plus notionnellement Graham. Car peut-on effectivement traduire, et n'a-t-on pas déjà – fatalement – commencé de réagencer ? Non pas que le sens échappe, parce qu'il serait si subtil, ou si vague, ou si différent ; mais plutôt il n'y a pas vraiment « sens » ici, s'érigeant et se fronçant, on reste dans un

En amont du sens

infra-significatif. La formule chinoise se garde, en effet, de structurer (elle le peut), ces divers termes, qui se démarquent à peine, se contentant de produire un minimum d'inflexion, plus rythmique à vrai dire que sémantique ; la langue, ainsi, réussit à déployer sans construire, à transformer sans raidir, elle plisse à peine.

L'autre motif de l'« évolution » au gré est celui de la « nage » ou de la flottaison, telle celle des immenses calebasses devenant bouées (les deux termes se confondant d'ailleurs souvent en chinois classique) : les hommes, la formule servira d'adage, « évoluent » dans le *tao* comme « les poissons dans l'eau »[168]. Or, quoi de plus désespérément banal et de moins théorique, effectivement, que cette image ? Mais c'est bien cet éminemment banal – comme non construit, non raidi et même non démarqué, et comme tel recouvert par la philosophie –, qu'il conviendrait de ressaisir et de dégager ; c'est ce commun – cet insignifiant – qu'il faut penser. C'est ce non-compliqué qu'il faudrait libérer. Car, « dès lors qu'il n'y a plus d'affaire, la vie détermine » (Wang Fuzhi commentant ce passage). Il faut comprendre : que cessent les affrontements disjonctifs, de sorte que le ceci / cela du moment soit également viable, et c'est bien alors la vie qui par elle-même « détermine »[169]. La vie opère d'elle-même, *sponte sua*, il n'est plus besoin d'y ajouter - plaquer du sens. L'insouciance, en somme, tiendrait à la disponibilité permettant de dégager à tout moment – de / dans tout moment – cette injonction vitale.

Congruence - convenance (parce qu'oublieuse de sa convenance)

On comprendra aisément que l'évolution au gré ne soit possible que si l'adéquation au moment qui fait l'« à propos » s'opère sans plus qu'on y pense ; cette adéquation, ou plutôt cette convenance, n'étant plus perçue comme telle, se fait « oublier », dit le penseur taoïste. « Convenance » : il faut en éprouver à la fois le *cum* de la rencontre et le « venir » qui, n'étant pas calculé et prédéterminé, est porté de lui-même à se renouveler et s'opère à notre insu. Ce qu'éclaire, une fois de plus, l'expérience plus originaire que toute activité de connaissance qu'est celle du fonctionnement des choses et de leur « manutention » (*Hantieren*) –, Heidegger aussi l'a fait ressortir. L'artisan Chuai tournait des objets aussi parfaits que « s'ils eussent été faits au compas et à l'équerre[170] » ; « ses doigts allaient de pair avec la transformation des choses sans qu'il ait à examiner par son esprit : dès lors, sa disposition intérieure restait unie et jamais n'était entravée ». D'où l'on peut tirer ces formulations générales : « de faire oublier le pied, telle est la convenance du soulier » ; « de faire oublier les reins, telle est celle de la ceinture ». Là encore, il ne s'agit que de déployer la plate évidence, celle de la vie, mais qu'on ne voit plus, et même qu'on n'a jamais vue : quand on ne fait plus attention à ce que ses chaussures vont bien à ses pieds, ou sa ceinture à sa taille, quand on les « oublie », c'est alors effectivement qu'ils vont bien et remplissent leur fonction ; je ne *pense à* mes chaussures, à ma ceinture, que quand je m'y sens gêné. Or, il en va de même de l'esprit : « que le savoir oublie les disjonctions, telle est la convenance de l'esprit ». Mais cette adéquation de l'esprit ne doit pas seulement faire oublier les disjonctions, elle doit elle-même se faire oublier : « que, dès le début, il y ait convenance, et qu'il n'y ait jamais non-convenance, telle est la convenance oubliant la convenance », conclut le penseur taoïste. Cette convenance oublieuse de sa convenance, et qui par là se fait oublier, et donc qu'on vit sans y penser, est celle qui fait la con-gruence qui dit l'*à propos* de Montaigne ; c'est elle qui fait l'adéquation du « vivre », comme le titre ce chapitre, car ce titre fait notion : « Accéder à [la compréhension de] vivre ». Cette convenance ne s'ancrant plus dans le socle de l'être ou de la morale, mais fluide au gré du moment, c'est d'elle que tient l'« insouciance ».

Le temps (devancement) - le souci - la mort

3. Dans la structure du souci se trouve impliquée la mort, comme sa plus extrême possibilité ; par là, la mort est en quoi se parachève, et s'abîme, la pensée du temps. Faisons retour, une dernière fois, au *topos* heideggérien : le souci « a dans l'être vers la mort sa concrétisation la plus originale », la mort elle-même « se fondant, pour ce qui est de sa possibilité ontologique, sur le souci »[171]. Se retrouvent donc logiquement à propos de la mort, et même portées à leur comble, toutes les déterminations du souci ; de même, la mort est la condition et la « source » de l'« ouverture », l'existant n'étant ouvert, à soi comme au monde, que « pour autant que le menace constamment la possibilité de la fermeture à tout ce qui est ». C'est dans la mort, par conséquent, que l'existant atteint à la transparence à l'égard de sa propre existence portée au *devancement*. La mort est notre ce *vers quoi* essentiel-existentiel ; ce n'est donc que dans la mort, comme ultime « pas encore », que cet « ex-istant », dont la structure temporale est le souci et se manifeste comme pouvoir être, peut trouver son « entièreté ».

Désangoisser la mort ?

Mais comment ne pas voir, à nouveau, dans cette description « phénoménologique » de l'être-vers-la-mort que commande la temporalité, l'aboutissement d'une dramatisation occidentale dont Heidegger, en s'efforçant de remonter à une structuration plus « originaire » de l'existence, fournit seulement une formulation plus radicale ? La force du taoïsme antique, à cet égard, est de développer une alternative à cette conception qui ne soit pas dans le salut religieux ou métaphysique et sa tentative de prouver l'immortalité de l'âme, corrélative de l'éternité – comme la tradition s'en inaugure dans la philosophie avec le « bon espoir » du *Phédon* –, mais ne se fonde pas non plus sur des *arguments* naturalistes ; car, dès lors qu'il y a arguments, ceux-ci sont renversables et le « naturalisme » n'est plus qu'une position d'école. Que la mort ne soit plus ce qui, menaçant à l'avance, révèle par anticipation l'« existence » en son extrémité, comme sa plus haute pos-

Heidegger - Zhuangzi : force de l'alternative

sibilité, mais qu'elle *s'intègre à* la vie, nous dit le *Zhuangzi*, dans cette *transition* continue qu'est la « vie ». Qu'elle ne soit plus perçue comme un événement, et même comme l'Événement par excellence, mais qu'elle advienne simplement par alternance, comme tout moment ; qu'on en revienne précisément à ce « simple » – qu'on y accède – en laissant résorber toute complication ; bref, qu'on *vive* la mort comme naturelle.

Sans passer par les arguments « naturalistes » de Lucrèce

C'est dans le matérialisme antique que l'on trouvait, au sein de la philosophie, une interprétation naturaliste de la mort. Épicure : la mort « n'est rien pour nous ». Puisque nous ne pouvons avoir la sensation de la mort –, or tout bien, comme tout mal, est dans la sensation : quand nous sommes, la mort n'est pas là et, quand la mort est là, nous ne sommes plus [172]... Mais quelle est la force, face à la mort, d'un tel argument, et le logique peut-il mordre tant soit peu sur elle ? Peut-on traiter de la mort, autrement dit, en termes de démonstration, d'où découlerait la conviction ? Lucrèce s'y essaye en s'appuyant sur la nature de l'esprit et de l'âme dont il prouve, pour dissiper la peur de la mort, qu'elle est matérielle, composée qu'elle est elle aussi d'atomes, mais plus « fins » et plus « lisses » – *corporea anima* [173]. Bref, seules « la vue de la nature et son explication (*naturae species ratioque*) peuvent dissiper la terreur de la mort », conclut résolument Lucrèce, et l'on pourrait croire effectivement que les arguments naturalistes en vue de délivrer du souci de la mort seront partout les mêmes, puisque tenant à la « nature » – chez Lucrèce comme en Chine. Or, en fait, ce n'est guère le cas, au-delà de l'idée très générale, avancée *in fine* chez Lucrèce, de ce que les générations sont appelées à se renouveler. Car Lucrèce conçoit son argumentation dans la perspective d'un Moi-sujet (sous la figure de l'âme) et sur une base ontologique (l'essence de l'âme et de la matière, l'impossible union du matériel et de l'immatériel, etc.). Chez Zhuangzi, en revanche, on ne trouve aucune démonstration de la mortalité de l'âme, elle qui fait l'essentiel de l'argumentaire de Lucrèce, puisqu'un point de vue de l'« âme » ne se trouve jamais complètement dégagé du monde et qu'un intérêt substantialiste ne s'y voit pas expliciter. On ne retrouve pas, non plus, l'argument palingénésique selon lequel si, dans la suite des temps, tous les atomes revenaient à la même place et recomposaient le même individu, ce ne serait pourtant pas « moi », puisqu'une interruption, dans la chaîne de mes souvenirs, serait intervenue ; ni non plus celui selon lequel tout le temps d'après la mort est à concevoir à l'image du temps d'avant la naissance (cf., à la fin du chant III du *De natura* : en prolongeant notre vie, nous ne retranchons rien du « temps de la mort », *tempore de mortis*) – la pensée chinoise ne disposant pas, on le sait désormais assez, d'un concept abstrait du temps ; ni même seulement cette idée que la mort est « éternelle » (*mors aeterna*) : puisque ne s'est pas constitué en elle, face au « temps », un concept d'éternité.

La mort - moment

Comment désangoisser de la mort, à défaut d'arguments ? Pour en dissiper le souci, et selon la logique de ses conceptions, le maître taoïste convoque à la fois – une fois de plus – la pensée du moment occurrent et de la transition processive. Il suffit de relire la formule : « qu'il advienne de venir [à la vie], tel est le moment du Maître ; qu'il advienne de partir [mourir], telle est [la capacité du Maître à] se conformer ». Puisque c'est la respiration, et non la perception, qui est le pli premier de la pensée, la mort s'intégrera dans une logique d'aller-venir et de moments alternants à l'instar de l'inspiration-expiration rythmant toute vitalité. Dans la suite des modifications de la vie, est-il développé (Zhuangzi à la mort de sa femme, selon son école), « de l'indistinction primitive se forme le souffle, du souffle la forme physique, de la forme physique la vie, puis – nouvelle modification – cela aboutit à la mort »[174] : ces quatre étapes se pensent « à l'instar du cours des quatre saisons », et la mort s'y présente *procé-*

dant de la vie. D'autre part, « de la réunion se forme l'être constitué, de sa dissolution se forme un [nouveau] commencement »[175] ; toute fin est aussi début : « La vie est le disciple de la mort et la mort est le début de la vie[176] ». Non point qu'on déduise que la vie s'engendre de la mort, et réciproquement, à l'instar de tout contraire, selon la logique des contraires et le principe compensateur qu'établit le *Phédon* ; ou qu'on doute de la réalité de l'une et l'autre, de la vie et de la mort, en se demandant, comme Euripide, si l'une n'est pas plutôt l'autre, « si vivre n'est pas mourir et si mourir n'est pas vivre ». Ni déduction ni doute, les deux voies grecques de la pensée, car ni l'une ni l'autre n'ont prise. Mais le procès de la vie se poursuivant sans fin, vie et mort forment *intrinsèquement* une même « continuité », constituent une seule et même « réalité »[177] : elles sont également partie prenante de ce *procès* de la vie ; aussi, si la mort est naturelle, c'est qu'elle ne fait point rupture, encore moins effraction, avance sans broncher le penseur taoïste. Ou, si l'« existence », quant à elle, se heurte à la possibilité de son inexistence comme à sa totale – absolue – « impossibilité », d'où le vertige qui la saisit et l'« angoisse », comme le thématisait Heidegger, toute la pensée zhuangziste, et chinoise plus généralement[178], s'attache à montrer que vie et mort, à l'instar du *yin* et du *yang,* et tels qu'ils se laissent enchâsser par le parallélisme de la langue, ne cessent structurellement de se répondre – à la fois sont homogènes et corrélées.

Transition processive

La forme de la phrase et la façon dont elle structure le sens par accouplement, attendu et fonctionnel, comme c'est le cas dans le parallélisme en chinois classique, auraient-elles ainsi un empire suffisant pour dédramatiser l'existence ? Jusqu'où va, en fin de compte, le pouvoir de la langue à prédisposer la pensée – et cela à propos de ce qui, dans son fait même, s'annonce le plus commun, le plus brut et le moins culturellement impliqué : la mort ? Il est clair, au moins, que, tandis que le philosophe européen, même matérialiste, conçoit la mort du point de vue

Continuité de la transformation

de l'âme et du sujet, le penseur taoïste s'attache à la penser sur le mode, purement phénoménal, de la « transformation », selon sa double modalité processive – modification et continuation : « déjà transformation et c'est la vie, de nouveau transformation et c'est la mort[179] ». La mort est pure résorption (« retour ») et, comme telle, s'entend, au-delà de l'humanité, de toute manifestation de vie :

versement - jaillissement : il n'est rien qui ne sorte pas ;
épanouissement - écoulement : il n'est rien qui ne rentre pas[180] [(f")].

Résorption

Jusqu'où peut-on donc revenir de l'individuation s'érigeant et s'isolant en sujet, de façon à concevoir la mort selon une conception processive de la vie, s'écartant de la temporalité du *Dasein,* et comme un simple phénomène de *résorption* ? De même qu'elle est particulièrement douée pour dire cette modalité non subjective, mais processive, de la vie, de même la langue chinoise est-elle étonnamment apte à saisir d'un point de vue non substantialiste d'où peut émaner la vie. Que je retraduise plus littéralement une des formulations précédentes (à propos de la mort de la femme de Zhuangzi) et l'on voit alors disparaître toute substantivation initiale, l'expression devient purement phénoménale : « mêlé - indistinct - entre : modification, d'où il y a souffle[(g")]... » Mais dès lors qu'il met en phrase européenne et construit syntaxiquement, le traducteur ne peut que rendre en français : « Quelque chose de fuyant et d'insaisissable se transforme en souffle[181]... » Or, il n'y a pas là, en chinois, de « quelque chose » ou de « gisant sous » (*hupokeimenon* : le « substrat sujet » au sens aristotélicien) ; est dit – *peut* être dit – le seul phénomène de l'opération en cours, et c'est ce qui fait que vie et mort, en tant que pure opération, ne faisant qu'alterner, se révèlent de la même naturalité – relèvent de la même processivité.

La mort étant naturelle au même titre que la vie, il n'y aura rien à en dire de particulier ; ou plutôt, dès qu'on en parle, on en perd la naturalité, se confrontant dès lors à la question du Sens et se perdant dans des arguments. « Que de la non-actualisation on aille à l'actualisation [de ce qui n'a pas forme à ce qui a forme], et de l'actualisation à la non-actualisation », « c'est ce que tout le monde sait [182] », poursuit le penseur taoïste portant au jour le commun-banal de ce que nous ne percevrons plus, désormais, quant à nous, que comme infra-philosophique ; et c'est donc « ce dont on n'a pas besoin de se préoccuper pour y accéder ». Ce à quoi on accède ainsi est, non le non-sens de la mort (l'absurde), comme on l'a tant clamé, mais sa non-signification, ou plutôt sa non-significativité, c'est-à-dire qu'il n'y ait pas plus à s'interroger sur le sens de la mort que de la vie. Homogènes comme elles sont, elles sont également étrangères, et même indifférentes, l'une et l'autre, à la question du sens. Dès lors qu'on en discute, en revanche, comme le font la majorité des gens s'écartant de la sagesse, on n'y parvient plus, conclut le penseur taoïste. « Celui qui y parvient n'en discute pas, celui qui en discute n'y parvient pas »... Non qu'il y ait là quoi que ce soit d'ineffable ou d'abscons, mais telle est au contraire la simplicité - naturalité du procès de la vie que toute réflexion et toute parole l'oblitèrent. Autrement dit, c'est de soulever la question qui brouille et rend inintelligible ; tandis qu'en ne s'en « souciant » pas, et sans s'en rendre compte, précise le commentateur (Guo Xiang), on y « parvient » [183]. Ainsi la question ne serait-elle pas à soulever – que ce soit celle de la mort ou celle du temps, si étroitement mariées –, mais elle serait au contraire, comme ne cesse de faire la mort elle-même, à résorber ; et c'est pourquoi, face au parti pris questionnant de la philosophie – qui fait la philosophie – le naturalisme se tait.

Ce qu'on « sait bien » – mais comment accéder à ce savoir ?

Hors sens

Notes et références

Chapitre premier — De l'énigme à l'ornière

1. *Confessions,* XI, 14
2. *Physique,* IV, 10
3. *Ennéades*, III, 7, § 1
4. *Temps physique et temps tragique chez Aristote,* Paris, Vrin, 1982, chap. 1
5. *Confessions*, XI, 23
6. *Critique de la raison pure*, Esthétique transcendantale, § 6
7. *Science and Civilization in China*, vol. 4, 1, « Physics »
8. *Canon*, A, 49
9. *Ibid.*, B, 64
10. *Timée*, 37d
11. *Du temps chez Platon et Aristote,* Paris, PUF, 1982, chap. 1
12. Cf. Richard Broxton Onians, *The Origins of European Thought, About the Body, the Mind, the Soul, the World Time, and Fate,* Cambridge University Press (trad. française, Seuil, 1999), chap. 6
13. *Ennéades*, III, 7, § 11
14. *Wang Bi ji xiaoshi*, vol. 1, Pékin, Zhonghua shuju, 1980, p. 63
15. *Physique*, IV, 221b
16. Cf. l'excellent commentaire de A. C. Graham, *Later Mohist Logic, Ethics and Science,* CUP/SOAS, 1978, p. 298
17. *Zhuangzi* , chap. 6, « Da zong shi » ; Guo Qingfan, *Xiaozheng Zhuangzi jishi*, shijie shuju, Taïpei, p. 246, 281
18. *Ennéades*, III, 7, § 13
19. *Canon,* A, 33 ; cf. Graham, *op. cit.*, p. 288
20. *La pensée et le mouvant,* dans *Œuvres* (édition du centenaire), Paris, PUF, p. 1292
21. *Philosophical Investigations*, § 89-91
22. *Confessions*, XI, 29
23. Cf. Jean-Toussaint Desanti, *Réflexions sur le temps*, *Variations philosophiques 1,* Conversations avec Dominique-Antoine Grisoni, Paris, Grasset, 1992

Chapitre 2 — Temps ou saisons

24. *La pensée chinoise*, Paris, La Renaissance du Livre, 1934 ; Albin Michel, 1968, II, 1 « Le temps et l'espace »
25. *La science chinoise et l'Occident (Le grand titrage),* trad. par Eugène Jacob, Paris, Seuil, 1973, chap. 5 : « Le temps et l'homme oriental »
26. C'est la question soulevée par Christoph Harbsmeier dans « Some notions of Time and of

History in China and in the West with a digression on the anthropology of writing » dans *Time and Space*, Chun-chieh Huang et Erik Zürcher éd., Leiden, Brill, 1995, p. 49s
27. *On the « Logic » of Togetherness, A Cultural Hermeneutic,* Leiden, Brill, 1998, 5, 5, « Time in China », p. 342s
28. « Aperception empirique et conception de l'histoire dans la pensée chinoise », in *Les cultures et le temps* Paris, Payot / Unesco, 1975, p. 43s
29. Voir notamment le dernier chapitre du *Lüshi chunqiu*, « Shen shi » ; cf. *Lüshi chunqiu xiaoshi*, éd. de Chen Qixian, Shanghai, Xinhua shudian, 1984, vol. II, p. 1780
30. « Yueling », « Règlements pour chaque mois de l'année » dans *Liji, Mémoires sur les bienséances et les cérémonies*, trad. de Séraphin Couvreur, vol. 1, 1re partie, Cathasia, p. 330s
31. *Lüshi chunqiu,* chap. « Shen shi »
32. *Mencius*, I, A, 3
33. *Xunzi*, chap. « Shi wang »
34. *Mencius*, II, B, 13
35. *Lüshi chunqiu,* chap. « Cha jin », *op. cit.*, p. 934
36. *Ibid.*, chap. « Shen shi », *op. cit.*, p. 767
37. *Laozi*, § 8
38. *Lunyu,* XVII, 1
39. *Canon,* A, 44 ; cf. Graham, *op. cit.*, p. 295
40. *Ibid.*, A 40
41. *Zhuangzi,* chap. 17, « Qiushui » ; éd. de Guo Qingfan, p. 568
42. *Ibid.*, p. 580, 596
43. Sima Qian, *Shiji*, chap. 45 ; éd. de Wang Liqi, *Shiji zhuyi*, p. 1375
44. *Zhuangzi*, chap. 23, « Gengsang Chu » ; Guo Qingfan, p. 800
45. *Huainanzi*, chap. 11, « Qi su xun », *Zhuzi jicheng*, Shanghai shudian, vol. 7, p. 178
46. « Le temps et l'homme oriental », *op. cit.*, p. 146
47. « Some notions of Time... », *op. cit.*, p. 56
48. *Canon*, A, 40, 41
49. *Ibid.*, B, 14-15 ; cf. Graham, *op. cit.*, p. 364s. De même que, selon l'expression consacrée, qu'explicite fort bien Graham, la « blancheur » et la « dureté » cohabitent, en s'entre-pénétrant, dans la même pierre, ainsi tout l'espace remplit-il un moment et le moment remplit-il tout l'espace.
50. Henri Maspero, *Etudes historiques*, Paris, PUF, 1967, p. 23s ; Needham, « Le temps et l'homme oriental », *op. cit.*, p. 171s
51. *Physique*, 218b - 219a
52. *Confessions*, XI, 16
53. Liu Xie, *Wenxin diaolong*, chap. 46, « Wuse »
54. *Zhuangzi,* chap. 6, « Da zong shi » ; Guo, p. 230
55. *Lunyu*, XVII, 19
56. *Zhuangzi*, chap. 22, « Zhi bei you » ; Guo, p. 735

Chapitre 3 — Distension - transition

57. Cf. Wang Fuzhi, *Zhouyi neizhuan, Chuanshan quanshu,* Changsha, yuelu shushe, 1988, vol. 1, p. 58
58. *Physique*, 218b

59. *Ibid.*, 225b
60. *Critique de la raison pure*, « Esthétique transcendantale », § 5
61. *La Pensée et le mouvement*, *op. cit.*, p. 1257, 1258, 1259, 1375, 1380
62. *Physique*, 225a
63. *Parménide*, 155d
64. Sur les diverses analyses de l'instant aristotélicien, cf. Jacques Marcel Dubois, *Le temps et l'instant selon Aristote,* Paris, Desclée de Brouwer, 1967
65. *Nature, Change and Agency in Aristotle's Physics*, A Philosophical Study, Clarendon Press, Oxford, 1982
66. *Physique*, 255a et 202a
67. *Ibid.*, 224b
68. *Ibid.*, 226a
69. *Parménide*, 156c
70. *Physique*, 257b
71. *Zhouyi*, « Xici », B, 5
72. *Ibid.*, « Xici », A, 6
73. *Ibid.*, « Xici », A, 12
74. *Ibid.*, « Xici », B, 2
75. *Ibid.*, « Xici », A, 11
76. Cf. *Wenxin diaolong,* chap. 29, « *Tongbian* »
77. « Le temps et l'homme oriental », *op. cit.*, p. 218
78. Cf. Claude Romano, *L'événement et le monde,* Paris, PUF, 1998, p. 84s
79. *Zhouyi*, « Xici », A, 10
80. Hermann Fraenkel, *Wege und Formen frühgriechischen Denkens,* Münich, 1955, p. 1-22 ; Jacqueline de Romilly, *Le temps dans la tragédie grecque*, 2e éd., Paris, Vrin, 1995
81. *Physique*, 221a-b
82. *Ibid.*, 221a
83. *Ibid.*, 223a

Chapitre 4 — Vivre au présent ?

84. *Confessions*, XI, 11, 14
85. *Ethique à Nicomaque*, X, 3 ; cf. Victor Goldschmidt, *Temps physique et temps tragique chez Aristote*, *op. cit.*, p. 147s
86. Cité dans Victor Goldschmidt, *Le système stoïcien et l'idée de temps*, Paris, Vrin, 1989, p. 30
87. *Diss.* II, 7, 9
88. *Pensées*, II, 5, 1, ; X, 11, 3
89. *Ibid.,* VII, 29
90. *Confessions*, XI, chap. 26
91. *Ibid.*, chap. 20
92. *Physique*, 223a
93. *Confessions*, XI, chap. 28
94. Cf. *Mencius*, IV, B, 18 (et *Entretiens*, IX, 16)
95. *Confessions*, XI, chap. 28 et 31
96. *Ibid.*, chap. 29 et 11

97. *Le monde comme volonté et comme représentation*, trad. A. Burdeau, Paris, PUF, 1966, § 54, p. 349s
98. *Leçons pour une phénoménologie de la conscience intime du temps*, trad. Henri Dussort, Paris, PUF, 1964
99. *Principes*, I, 45
100. *La pensée et le mouvant*, *op. cit.*, p. 1385s
101. *Essais*, III, 13, « De l'expérience »
102. *Mencius*, V, B, 1
103. *Lunyu*, XVIII, 8

Chapitre 5 — Opportunité du moment

104. *Zhongyong*, § 2
105. *Zhuangzi*, chap. 3 « Yang sheng zhu », Guo, p. 128 ; chap. 6 « Da zong shi », Guo, p. 260
106. *Zhouyi*, « Xici », B, 1
107. Wang Wei, « La gloriette dans les bambous », « Zhu li guan », *Wang Youcheng ji jian zhu,* Hong Kong, Zhonghua shuju, vol. I, p. 249
108. *Ibid.*, « Le pavillon sur le lac », p. 245
109. Horace, *Odes*, I, 11
110. Ronsard, *Odes* I, 17 ; *Sonnets pour Hélène*, II, 24
111. *La pensée et le mouvant*, *op. cit.*, p. 1392
112. *De finibus*, III, 14 (45)
113. *Le système stoïcien et l'idée de temps, op. cit.*, p. 125s
114. *Zhouyi neizhuan, op. cit.*, p. 182
115. *Zhouyizhu, Wang Bi ji xiaoshi*, Pékin, Zhonghua shuju, 1980, vol. 1, p. 303
116. *Zhouyi neizhuan*, p. 419
117. *Zhouyizhu,* p. 356 ; *Zhouyi neizhuan*, p. 254
118. *Zhouyi neizhuan*, p. 260
119. *Ibid.*, p. 333

Chapitre 6 — Disponibilité ou devancement

120. *Zhuangzi*, chap. 3, « Yang sheng zhu » ; Guo, p. 115
121. *Ibid.*, chap. 6, « Da zong shi » ; Guo, p. 224
122. *Ibid.*, Guo, p. 229
123. *Ibid.*, Guo, p. 226
124. *Ibid.*, chap. 3, Guo, p. 128 ; cf. chap. 6, Guo, p. 260
125. *Phédon*, 67c-d ; 82d ; 83b-d
126. *Ennéades,* III, 7, § 4
127. *Sein und Zeit*, § 45
128. Cf. Françoise Dastur, *Heidegger et la question du temps*, Paris, PUF, coll. « Philosophies », 1990
129. *Sein und Zeit*, § 48
130. *Ibid.*, § 65

131. *Ibid.*, § 12
132. *Ibid.*, § 15
133. *Zhouyi*, « Xici », A, 5
134. *Sein und Zeit*, § 15
135. Cf. les apologues célèbres du boucher ou du charron, *Zhuangzi*, chap. 3 et 13
136. *Sein und Zeit*, § 65
137. *Zhuangzi*, chap. 20, « Shan mu » ; Guo, p. 668
138. *Mencius*, VII, A, 26
139. Chap. 3, « Tian xia » ; Guo, p. 1098
140. *Zhuangzi*, chap. 6 ; 15 ; 23
141. *Ibid.*, chap. 6 ; Guo, p. 228
142. Wang Fuzhi, *Zhuangzi jie*, Hong Kong, Zhonghua shuju, 1976, p. 58
143. *Sein und Zeit*, § 31
144. *Wenxin diaolong*, chap. 46, « Wu se » ; cf. *supra*, chap. 2, § 6

Chapitre 7 — De l'insouciance

145. *Sein und Zeit*, § 65
146. *Ibid.*, § 12
147. *Phédon*, 64d
148. *Ennéades*, IV, 3
149. Marc Aurèle, X, 11
150. « Lettre à Ménécée », § 126
151. *Ibid.*, § 128
152. *Odes*, I, 9
153. *Ibid.*, I, 18
154. Cité dans Jean Salem, *Tel un dieu parmi les hommes, l'éthique d'Epicure,* Paris, Vrin, 1989, p. 55
155. Cf. notamment les études classiques de Cyril Bailey, *The Greek Atomists and Epicurus*, Oxford, Clarendon Press, 1928, p. 305s ; Norman Wentworth De Witt, *Epicurus and his Philosophy*, Minneapolis, University of Minnesota Press, 2e éd., 1964, p. 148
156. Françoise Caujolle-Zaslawsky, « Le temps épicurien est-il atomique ? », Paris, PUF, *Les Etudes philosophiques*, no 3/1980, p. 296
157. *De rerum natura*, I, v. 459s
158. Jean Salem, *op. cit.*, p. 53s
159. Pierre Grimal, *Horace*, « Ecrivains de toujours », Paris, Seuil, 1965, p. 35
160. *De finibus*, I, 17 (55)
161. *Zhuangzi*, chap. 5, « De chong fu » ; Guo, p. 213
162. Wang Fuzhi, *Zhuangzi jie*, *op. cit.*, p. 52
163. *Zhuangzi*, chap. 6, « Da zong shi » ; Guo, p. 228
164. *Ibid.*, chap. 1 ; Guo, p. 2
165. *Ibid.* ; Guo, p. 36
166. *Ibid.* ; Guo, p. 39
167. *Ibid.*, chap. 6 ; Guo, p. 278
168. *Ibid.*, p. 272
169. Wang Fuzhi, *Zhuangzi jie*, *op. cit.*, p. 66

170. *Zhuangzi*, chap. 19, « Da sheng » ; Guo, p. 662
171. *Sein und Zeit*, § 46-53
172. « Lettre à Ménécée », § 124-125
173. *De rerum natura*, III
174. *Zhuangzi*, chap. 18, « Zhi le » ; Guo, p. 614
175. *Ibid.*, chap. 19, « Da sheng » ; Guo, p. 632
176. *Ibid.*, chap. 22, « Zhi bei you » ; Guo, p. 733
177. *Ibid.*, chap. 5, « De chong fu », Guo, p. 205 ; chap. 6, « Da zong shi », Guo, p. 258
178. *Entretiens* de Confucius, XI, 11 ; IV, 8
179. *Zhuangzi*, chap. 22, « Zhi bei you » ; Guo, p. 746
180. *Ibid.*
181. *L'œuvre complète de Tchouang-tseu,* trad. de Liou Kia-hway, Paris, Gallimard, « Connaissance de l'Orient », 1973, p. 145
182. *Zhuangzi*, chap. 22, « Zhi bei you » ; Guo, p. 746
183. *Ibid.,* comm. de Guo Xiang

Glossaire des expressions chinoises

a) *Yong* 用

b) *De* 德

c) *Chang* 常

d) *Li* 理

e) *Yong* 永

f) *Dang* 當

g) *Pu* 朴

h) *Shi* 時

i) *Jiu* 久

j) *Si shi* 四時

k) *Shi* 時, *shi* 勢, *shi* 世

l) *Wu suowei shi zhe, fei shi ri ye, ren gu you li bu li shi*
吾所謂時者，非時日也，人固有利不利時

m) *Yu zhou* 宇宙

n) *Wang gu lai jin wei zhi zhou* 往古來今謂之宙

o) *Jiu* 久

p) *Jiu, mi yi shi ye* 久，彌異時也
Yu, mi yi suo ye 宇，彌異所也

q) *Shi-jian* 時間 ; *kong-jian* 空間

r) *Zhong-shi* 終始

s) *Tian wu zi ti, jin chu qi yong yi xing si shi, sheng bai wu, wu ti bu yong, wu yong fei qi ti*
天無自體，盡出其用以行四時，生百物，無體不用，無用非其體

t) *Suo yi* 所以

u) Cf. notion de *xing* 形

v) *Bian-hua* 變化

Bian-tong 變通

w) *Yin-yun* 絪縕

x) *Hua chun* 化醇

y) *Bian ze qi jiu* 變則其久

z) *Bian er tong* 變而通

a') *Ji* 幾

b') *Sheng zhi shi zhe* 聖之時者

c') *Junzi er shi zhong* 君子而時中

d') *An shi er chu shun* 安時而處順

e') *Bian tong zhe, qu shi zhe ye* 變通者，趣時者也

f') *Yin shi* 因時

g') *Shi-wei* 時位

h') *De shi* 得時

i') *Sui shi zhi yi da yi zai* 隨時之義大矣哉

j') *Wei sui er ling da tong li zhen, de yu shi ye*

爲隨而令大通利貞，得於時也

k') *Er* 而

l') *Fu* 乎

m') *Zhi you suo dai er hou dang* 知有所待而後當

n') *Xiaoran er wang, xiaoran er lai* 倏然而往倏然而

o') *Yu wu you yi er mo zhi qi ji* 與物有宜而莫知

p') *An shi er chu shun* 安時而處順

q') *An ju ; an chu* 安居 安處

r') *Cang zhu yong* 藏諸用

s') *Shi* cf. *Shi lai, fu zi shi ye ; shi qu, fu zi shun ye*

適。適來，夫子時也，適去，夫子順也

t') *Yu shi ju hua* 與時俱化

u') *Shi-fei* 是非

v') *Shi zi zong er bu dang* 時恣縱而不儻

w') *Bu yu mou* 不豫謀

x') *Tian ji* 天機

y') *Zhao* 召

z') *Yu wu wei chun* 與物爲春

a'') *Shi jie er sheng shi yu xin zhe* 是接而生時於心者

b'') *Shi wei zhi er gui zhi yu xian* 時未至而規之於先

c'') *Sheng qi he shi zhi yi, bu yu she cheng xin yi dai zhi*
生其合時之宜，不豫設成心以待之

d'') *Wu you* 無憂

e'') *Xiao yao you* 逍遙遊

f'') *Zhuran boran, mo bu chu yan* 注然勃然，莫不出焉
Youran liaoran, mo bu ru yan 油然漻然，莫不入焉

g'') *Za hu mang hu zhi jian, bian er you qi*
雜乎芒芴之間，變而有氣

TABLE DES MATIÈRES

Cet ouvrage a été composé par
Nord Compo (Villeneuve-d'Ascq)

Impression réalisée sur CAMERON par

BUSSIÈRE CAMEDAN IMPRIMERIES

GROUPE CPI

à Saint-Amand-Montrond (Cher)
pour le compte des Éditions Grasset
en février 2001

N° d'édition : 11860. — N° d'impression : 010976/4.
Dépôt légal : février 2001.

Imprimé en France

ISBN 2-246-56281-3
ISNN 1142-3072